T0194728

Birgit Kogler

Family light...

und mit einem Mann kann's am härtesten sein!

Birgit Kogler

Family light...
und mit einem Mann kann's
am härtesten sein!

Centaurus Verlag & Media UG

Bibliografische Informationen der Deutschen Nationalbibliothek

Die Deutsche Nationalbibliothek verzeichnet diese Publikation
in der Deutschen Nationalbibliografie; detaillierte bibliografische
Daten sind im Internet über http://dnb.d-nb.de abrufbar.

Gedruckt auf säurefreiem und chlorfrei gebleichtem Papier.

ISBN 978-3-86226-057-7   ISBN 978-3-86226-966-2 (eBook)
DOI 10.1007/978-3-86226-966-2

*Alle Rechte, insbesondere das Recht der Vervielfältigung und Verbreitung sowie
der Übersetzung, vorbehalten. Kein Teil des Werkes darf in irgendeiner Form
(durch Fotokopie, Mikrofilm oder ein anderes Verfahren) ohne schriftliche Ge-
nehmigung des Verlages reproduziert oder unter Verwendung elektronischer Sys-
teme verarbeitet, vervielfältigt oder verbreitet werden.*

© *CENTAURUS Verlag & Media KG, Freiburg 2012*
www.centaurus-verlag.de

Satz: Vorlage der Autorin
Umschlaggestaltung: Antje Walter, Titisee-Neustadt unter Verwendung
                    einer Illustration von Alexandra Gunesch.

Manche Männer bemühen sich lebenslang,
das Wesen einer Frau zu verstehen.
Andere befassen sich mit weniger
schwierigen Dingen, z.B. der Relativitätstheorie.

(Albert Einstein, deutscher Physiker und Nobelpreisträger)

Inhalt

Über die Autorin

Birgit Kogler (39) lebt und arbeitet in Linz. Sie wurde am 3. Juni 1970 in Linz geboren und ist glücklich verheiratet mit Alexander H. Kogler. Gemeinsam haben sie zwei Kinder, Marcus und Nikola.

Seit einigen Jahren ist Birgit Kogler erfolgreich als Kinder- und Jugendcoach mit eigener Praxis (Linz, Solar City) tätig. Ihre berufliche Laufbahn führte sie von der Mitarbeit im Kinderhilfswerk und als Lebensberaterin bei Urbi@Orbi über eine Schulassistenz im Zentrum Spattstraße und die Einzelförderung von Kindern in Integrations- und Sonderschulen hin zur Selbständigkeit und zu ihrer Arbeit als Buchautorin. Ein besonderes Highlight war die Erfahrung als Kindergärtnerin im Colegio Humboldt, Sao Paulo in Brasilien.

Durch zahlreiche Vorträge und Workshops zu Erziehungs- und Paarthemen werden ihre Tipps einer großen Schar an Zuhörern weitergegeben.

Mittlerweile ist Birgit Kogler etablierte Gastkommentatorin in etlichen Printmedien, aber auch im TV und Radio gern gesehen und gehört.

Vorwort

Bekanntlich gibt es ja kein größeres Risiko, als eine Beziehung/Ehe einzugehen, aber auch nichts, das mehr Glück spendet, als eine erfüllte Partnerschaft ...

In diesem Sinne gratulieren wir Birgit zu ihrem neuen Buch, in dem sie sehr offen auf die Tücken und Fallstricke in Beziehungen eingeht und gleichzeitig konstruktive Lösungsansätze bringt.

Wichtig ist ja dabei immer, den Partner als „personal life coach" zu betrachten, der einem unentgeltlich (Madonna muss ja bekanntlich für ihre Coaches sehr viel zahlen) dabei hilft, das eigene Potential zur vollen Blüte zu bringen. Und das genau in jenen Momenten, wo man/frau ihn/sie zum Mond schießen könnte ...

Wir wünschen nun also allen Lesern und LeserInnen viel Vergnügen und Inspiration und den Mut, in schwierigen Situationen neue Verhaltensweisen auszuprobieren.

Möge dieses Buch vielen Paaren helfen, einander tiefer zu verstehen!

Mag a. Elisabeth Gatt-Iro und Mag. Dr. Stefan Gatt

www.challengeoflove.at

Vorwort

Liebe Leserinnen, liebe Leidensgenossinnen,
liebe Männer!

Nachdem ich Band 1 „Family light...das Leben ist hart genug" (Erziehungsratgeber für Kinder von 0 – 6 Jahren)
und Band 2 „Family light... und das Leben wird noch
etwas härter" (Erziehungsratgeber für Jugendliche in
der Pubertät) geschrieben habe, dachte ich mir, dass
nach den Kindern und Jugendlichen nun die Männer an
der „Reihe" sind. Schließlich gehören ja auch die Männer
zu einer Beziehung dazu.

Was ist der Unterschied zwischen Ötzi und
einem intelligenten Mann?
Ötzi wurde gefunden.

... ein kleiner Witz von meinem Mann ...

Der dritte Band der Family light-Reihe beschäftigt sich
daher mit der Frage, warum es für uns Frauen manchmal
sooo schwer ist, das Verhalten dieser „nicht ganz so ein-
fachen" Kerle auszuhalten.

Das Buch schildert typische Geschichten aus dem Bezie-
hungs- und Familienalltag zwischen Mann und Frau, die
nicht immer etwas mit „Friede, Freude, Eierkuchen" zu
tun haben.

Neben kleinen Anekdoten gebe ich auch wertvolle Tipps, wie der Alltag mit unseren Männern erträglicher wird. Damit wir nicht schreiend aus dem Haus rennen, wenn er wieder einmal die leeren Klopapierrollen nicht ausgewechselt hat, sich der Geschirrspüler wieder einmal nicht von selbst einräumt, sich die Autozeitschriften auf der Toilette meterhoch stapeln oder er wieder einmal nichts findet, was nicht von selbst „HIER BIN ICH!" schreit (wenn er etwas nicht findet, ist die Frau, die Putzfrau oder sonst irgendwer schuld und muss gefeuert werden) ...

Überdies möchte ich betonen, dass dieses Buch keine Diskriminierung der Männer sein soll und ist ... das ist nicht die Einstellung, die ich gegenüber dem männlichen Geschlecht habe!

Denn für mich lautet das Credo in einer Mann-Frau-Beziehung:
„Es soll ein *Miteinander* sein, ohne einander zu verletzten!"

Natürlich passieren in einer Beziehung immer wieder Verletzungen, wir sind ja keine „Engel". Wenn diese vorkommen, haben wir aber immer noch eine Trumpfkarte im Ärmel: Die Entschuldigung!

In einer Lebensgemeinschaft zwischen Mann und Frau wird am häufigsten und rücksichtslosesten verletzt, da wir den Menschen, denn wir lieben, eben am härtesten treffen können. Wir kennen ja seine Schwächen und natürlich auch seine Stärken. Die wollen wir aber in einer Konfliktsituation nicht immer sehen.

Partnerschaftliche Konflikte entstehen auch sehr oft, wenn Mann oder Frau hohe Anforderungen und Wünsche unbewusst von ihrem Partner einfordern.

Daher ist es auch unumgänglich, sich mit der eigenen Lebensgeschichte auseinander zu setzen um Schwierigkeiten in einer Beziehung besser meistern zu können.

Ich schreibe in diesem Buch über Dinge und Situationen die uns Frauen einfach an Männern „nerven". Natürlich gibt es auch wieder ein paar hilfreiche Tipps und Empfehlungen, die uns in manch' einem verzwickten und scheinbar ausweglosen Zustand weiterhelfen können. Vielleicht kann ich ja einen kleinen Beitrag zur Reduktion unserer Scheidungsrate beitragen!

Der vierte Band dieser Reihe, der in Kürze erscheint, wird den Titel „Family light... und mit einer Frau ist es auch nicht ganz einfach" tragen. In diesem Buch werde ich mich humorvoll und selbstkritisch auch mit uns Frauen auseinandersetzen.

Birgit Kogler

Einleitung

Trotz meinen Ausbildungen, Workshops und Seminaren, die ich in den letzten Jahren besucht habe, muss ich mich immer noch über ähnliche oder sogar dieselben im Buch beschriebenen Verhaltensmuster meines Mannes ärgern. Vielleicht ist ja das auch ein Grund für dieses Buch.

Ich könnte meinen Mann manchmal auf den M... schießen! ... Ja, Schatz, manchmal schaffst du es wirklich noch, mich auf die Palme zu bringen.

Wenn du mal wieder bei geputzten Böden mit den Straßenschuhen in der Wohnung umher gehst, die Armaturen voller Wasserflecken sind, du das Geschirr nicht in den Geschirrspüler stellst, sondern daneben, und deine Kleidung in der ganzen Wohnung herum verteilst wie ein Kater, der alles markieren muss. So nach dem Motto:

Alles ist meins!

Es ist zum Verzweifeln!

Ja, liebe Leserinnen wahrscheinlich geht es Ihnen ähnlich wie mir!

Aber nichtsdestotrotz haben meine Ausbildungen und Yogakurse – die braucht man besonders – ihre Wirkung nicht verfehlt. Ich sehe heute alles gelassener. Und wissen sie warum?

Einerseits habe ich meinen Hang zum Perfektionismus heruntergeschraubt (ich war wirklich extrem, das bestätigten auch meine Therapeuten) und andererseits kann ich meinen Mann nicht umerziehen. Er ist ja schließlich nicht mein Kind.

Das klingt jetzt sicher ein wenig krass, aber so ist es. Mann bleibt Mann und Frau bleibt Frau.

Vor kurzem habe ich einen Bericht gelesen (jetzt gibt es sogar schon ein Buch darüber), in dem geschrieben wurde, dass „Frau" ihren Mann mit der gleichen Methode, mit der man Hunde abrichtet, umerziehen kann. Nur: Der Mann bekommt kein „Leckerli", sondern viel Lob: „Brav hast du das gemacht, super! „WUFF!"

Na ja ... darüber kann sich nun jeder selbst seine Meinung bilden ...

Wenn ich so etwas höre oder lese, kommt bei mir die Botschaft von der „artgerechten Haltung des Mannes ...!" an. Ist nicht sehr schmeichelhaft für das männliche Geschlecht, oder?

Natürlich bin ich für Lob und ein Dankeschön, aber ich denke, dass „Frau" sich sicher leichter tut, wenn sie ihren Mann direkt anspricht, was sie jetzt von ihm haben will. Nicht nur durch die Blume, so nach dem

Motto: „Ach Schatz, findest du nicht auch, dass der Rasen viel zu hoch ist?"

In diesem Sinne wünsche ich Ihnen viel Spaß beim Lesen und Umsetzen meiner Empfehlungen und Tipps.

Ach ja, wenn es mal mit ihrem „Göttergatten" nicht auszuhalten ist und sie auch nicht in der Stimmung sind, meine Tipps umzusetzen, dann horchen sie sich ganz laut ihre Lieblingsmusik an, schalten sie auf Durchzug oder singen sie lautstark mit …

Bei mir jedenfalls hilft es …

… OOOOHHHHMMMM!!!

Nach der „Hoch"-Zeit kommt die Beziehungsarbeit

Wenn ich mich an meine Hochzeit zurückerinnere, bekomme ich jetzt noch Gänsehaut. Ich hatte ein wunderschönes Kleid mit echter spanischer Spitze an. Einen Schleier, der in der Sonne goldig glänzte und weiße Samtschuhe.

Ich war so schön wie eine Prinzessin ...

Mein Mann war auch sehr schick in seinem schwarzen Anzug ...

Die Hochzeit war sehr festlich und sehr, sehr romantisch. Rote Herzluftballons die schwungvoll zum Himmel empor sausten, Geigen und Harfenmusik, die meinen Mann und mich bei unserem Ringtausch begleiteten, weiße Tauben die aus unseren Händen zum Himmel empor stiegen, und zum krönenden Abschluss ein sinnlich feuriger Fackeltanz. Bitte lass diesen Tag niemals enden!

Hollywood könnte sich noch was abschauen, was Romantik betrifft.

So, nun ausgeträumt. Jetzt fühle ich mich manchmal, wie die Prinzessin auf der Erbse. Wo ist bitte mein Prinzessinnenreich geblieben.

Wie gesagt, der Alltag holt einen schneller ein als man glaubt.

Und zum Alltag gehören nicht nur der Mann, sondern auch die Kinder und der Haushalt und was einem sonst noch alles so zufliegt. Fremdbestimmung pur.

Hilfe, wo sind meine Diener!?

Wo sind die Schmetterlinge geblieben und wann kommen sie wieder?

Tja die Sache mit den Schmetterlingen ist etwas kompliziert. Manche suchen ihr ganzes Leben nach einem Menschen, der das Schmetterlingsgefühl nie vergehen lässt. Manche wissen gar nicht, dass es welche gibt (die sind vielleicht am besten dran – wer nicht weiß, der nicht vermisst). Andere verlieren sie manchmal aus den Augen, finden sie aber immer wieder. Zu welcher Sorte möchten sie gehören?

Hoffentlich nicht zur ersten, denn dann würden sie zu den ewigen Träumern gehören, die irgendwann bemerken, wie einsam sie sind. Hoffentlich auch nicht zu den zweiten, denn die vermissen zwar nichts, aber es entgeht ihnen trotzdem eine Menge. Und wenn sie zu den dritten gehören wollen, dann haben sie eine Menge Arbeit vor sich. Aber damit es ein bisschen leichter wird, ein paar Tipps aus meinem persönlichen Beziehungskoffer:

Beschränken sie die Kommunikation in ihrer Beziehung nicht nur auf „funktionelles Reden". Das bedeutet, man soll in der Beziehung nicht nur über Aufgabenverteilung („Bringst Du bitte den Müll raus" oder „Kannst Du schnell in die Apotheke fahren ...", „die Waschmaschine gehört noch eingeschaltet", usw.), nüchterne Fakten und Organisatorisches reden.

Sondern: reden sie über ihre Gefühle!

Wie geht es uns in der jetzigen Situation? Wo steht der andere Partner gerade in seiner Gefühlswelt? Läuft einer manchmal mit einem ärgerlichen oder traurigen Gesichtsausdruck herum, sollte der andere hinterfragen und sich interessieren, was beim anderen gerade los ist. Nehmen sie diese Körpersprache nicht persönlich, denn es kann ja auch sein, dass es in der Arbeit gerade Schwierigkeiten gab. Interpretieren sie nicht alle Gefühlsregungen wie Angst, Wut oder Zorn gleich so, dass in der Beziehung oder sogar mit Ihnen etwas nicht stimmt, sondern fragen sie einfach nach, was los war oder ist. Durch das Hinterfragen kann man viele Konflikte vermeiden! Es sei denn man übertreibt es mit Fragen. Manchmal gehört auch ein Feingefühl dazu, wenn es angebracht ist, sich zurückzunehmen.

Gehen sie miteinander liebevoll um. Fragen sie ihren Mann, wie sein Tag in der Arbeit war oder einfach nur: „Wie geht es Dir?" Natürlich sollten diese Fragen auch von ihrem Mann kommen, denn in einer befriedigenden Beziehung ist es wichtig, dass das Geben und Nehmen im Gleichgewicht bleibt.

Ein Beispiel:

Ihr Mann sagt zu Ihnen: „Schatz, ich gehe mal für eine Stunde joggen, passt das für dich?"

„Ja, mein Schatz, und was bekomme ich später dafür, wenn ich jetzt bei den Kind(ern) bleibe?"

„Eine Fußmassage, mein Schatz"!

Beziehung und Kinder

Viele Paare haben sich ihre kleine Familie so schön und vor allem harmonisch vorgestellt. Die meisten Paare gehen sogar davon aus, dass ein Kind die Krönung ihrer Liebe sein wird.

„Ramafamilie"

Alle Familienmitglieder sitzen beieinander an einem Tisch, essen trinken, lachen und haben keine Probleme. Was für eine Harmonie!

Dass diese Situation nicht (immer) der Realität entspricht, wissen vor allem alle Paare, die schon Kinder haben.

Ich muss schon froh sein, dass ich in der Früh in Ruhe meinen Kaffee trinken kann!

Ja, liebe Eltern, sie sind verantwortlich dafür, dass es ihren Kindern gut geht. Sie haben für das leibliche (Mama, was gibt's zum Essen?) und das seelische Wohl (Lass mich in Ruhe!) ihres Kindes zu sorgen.

Mit einem Wort, Kinder stellen ihr Leben komplett auf den Kopf.

Dazu kommen noch die unterschiedlichen Vorstellungen, was Erziehung betrifft. Was für den einen Elternteil pädagogisch wertvoll ist, muss es für den Partner noch lange nicht so sein. Zwei unterschiedliche Welten prallen aufeinander.

Deshalb sollten Paare, sobald sie Eltern werden, über ihre eigene Erziehung, die sie genossen oder auch nicht genossen haben, miteinander sprechen. Auf diese Weise besteht die Chance, die für den Partner wichtigen Werte kennen zulernen und zu respektieren, die unter anderem aus seiner Lebensgeschichte entspringen.

Beispielsweise kann es einem überbehütet aufgewachsenen Menschen ganz wichtig sein, dass sein Kind genügend Raum zum Wachsen hat. Wenn dieser Mensch an einen Partner gerät, der Eltern hatte, die sich zu wenig um ihn kümmerten, kann es diesem besonders wichtig sein, viel Zeit mit seinem Kind zu verbringen. Und damit sind die Konflikte vorprogrammiert. Eine gute Mischung wäre ideal für das Kind und die findet man am besten im Gespräch. Für die Beziehung heißt das Verständnis anstelle von Kränkungen und Vorwürfen.

Gemeinsame Kindererziehung, gemeinschaftliche Gespräche und Interesse am anderen sind natürlich nur ein Teilbereich, damit eine Beziehung funktionieren kann. Es gibt viele andere Dinge die in eine Beziehung hineinspielen, um die es mir in diesem Buch jedoch nicht geht. Uns interessiert ja, wie man zu mehr und nicht zu weniger Schmetterlingen kommt …

… deshalb ab zu Kapitel zwei!

Mann und Sauberkeit

Eigentlich möchte ich gar nicht mehr so viel schreiben über dieses Thema „Sauberkeit", da bei meinem Mann und mir diese „kleinen Angelegenheiten" oft Anlass zum Streiten war.

Socken und Unterhose neben dem Bett (ewig! Sie wandern einfach nicht von selbst in den Wäschekorb!). Auch Gläser und Teller finden den Weg nicht von alleine in den Geschirrspüler. Haare im Abfluss, Zeitungen stapeln sich auf der Toilette, ständige Suche nach Schlüsseln (ICH hab ja alles verräumt bzw. versteckt!). Außerdem marschiert mein Mann mit einer nahezu unheimlichen Treffsicherheit immer dann mit den Straßenschuhen durch die Wohnung, wenn gerade die Böden geschrubbt und eingelassen wurden.

Und da soll Frau (ICH) nicht die Nerven wegwerfen!?

Wenn ich mir mit meinem Mann ausgemacht habe, dass er mal die Wäsche zusammenlegt, braucht er endlos lange und vom Ergebnis darf man gar nicht sprechen. Da mach ich's lieber gleich selbst ...

Der Kleiderkasten ist ordentlich zusammengeräumt, mein Mann zieht ein T-Shirt heraus ... der Kasten schaut aus, als hätte eine Bombe eingeschlagen! Jedes Mal schwöre ich mir ... Nie wieder räume ich seinen Teil vom Kasten auf!

Dieser Vorsatz hält aber nicht lange an!

Sie werden sich jetzt vielleicht denken, dass ich die meiste Zeit nur in der Wohnung herumrenne und mit meinem Mann meckere ... tja, vielleicht haben sie sogar ein bisschen Recht ...

So schnell kann es also gehen, dass aus einer attraktiven, anziehenden Frau eine meckernde Putze geworden ist. Daran sind aber nicht nur unsere Männer schuld.

Grundsätzlich ist in einer Beziehung wichtig, dass das Gleichgewicht und die Machtverhältnisse stimmen.

Stimmt die Aufgabenverteilung des täglichen Lebens (Kochen, Putzen, Ordnung, tägliche Erledigungen, Kinder ...), dann kann auch der ganz normale Alltag in einer Beziehung schön sein.

Es muss nicht jeder gleich viel oder alles machen, es muss das gefühlsmäßige Gleichgewicht in der Beziehung stimmen. Falls ihr Mann so viel beruflich unterwegs ist wie meiner, also weder Zeit und Lust an Hausarbeit hat, holen sie sich Hilfe von außen.

Ich habe einmal pro Woche eine Reinigungskraft, die mir bei der Grundreinigung der Wohnung hilft. Mein Mann zahlt!

Oder ...

Ich habe fast nie Lust, mein Auto innen sowie außen zu putzen, dass macht dann mein Mann für mich. Das macht er wirklich ordentlich und sauber. Ich die Wohnung, er mein Auto.

Handeln sie sich mit ihrem Mann einen Deal aus! Ich mache so viel … was kriege ich dafür? Es ist nicht selbstverständlich, dass sie als Frau größtenteils dreifache (oder mehr) Belastungen haben und diese Arbeit nicht honoriert wird. Außer sie sind mit Leib und Seele Hausfrau und sie haben sich mit ihrem Mann so geeinigt, dass Haushalt und Familie ihr Beitrag ist und ihr Mann fürs Familieneinkommen sorgt.

Falls ich mal wieder für längere Zeit das Familienmanagement übernommen habe, wünsche ich mir von meinem Mann zum Beispiel einen Wellness-Gutschein.

Den brauche ich dann sehr dringend!

Machtverhältnisse spielen natürlich auch hier eine große Rolle. Es geht also darum, was Mann und Frau zum „Funktionieren" des Familienalltags einbringen und wie sie damit umgehen. Und das ist uns nicht immer bewusst. Beispielsweise koche ich meinem Mann sein Lieblingsessen, decke den Tisch sehr schön und freue mich schon auf unser gemeinsames Essen. Was passiert, mein Mann sitzt noch immer hinter seinem Laptop, auch nach der dritten Aufforderung kommt er nicht, ich werde immer frustrierter …

„Aus" mit dem gemeinsamen und friedlichen Essen. Mir ist der Appetit vergangen und mein Mann kann mich mal vergessen!

Was ist passiert?

Das ist patriarchales Demonstrieren von Macht und Unterordnung. Und das muss nicht immer absichtlich sein. Es können auch unbewusste Familienmuster, die ihr Mann aus seiner Ursprungsfamilie übernommen hat, mitspielen.

Natürlicherweise fühlen sie sich als Frau gedemütigt und nicht wertgeschätzt!

In so einem Fall ist es sehr wichtig, dass sie sich als Frau Respekt und Wertschätzung verschaffen, da es sonst zu Machtgefällen kommt:

„Mann steht über der Frau."

Der Mann bestimmt alleine, wann er zum Essen kommt ... die (symbolische) Alleinherrschaft.

Durch dieses Machtgefälle entsteht eine unbefriedigende Beziehung. Nur bei einer gleichwertigen, gleichberechtigten Beziehung kann Partnerschaft, Beziehung und Sexualität zufriedenstellend gelebt werden.

Reden sie mit ihrem Mann über ihre Gefühle, sagen sie ihm, dass dieses Verhalten sie verletzt hat. Finden sie gemeinsam Lösungen: z.B. fünf Minuten vorm Essen rufen sie ihn; falls er wieder zu spät zum Essen kommt, fordern sie eine Einladung von ihrem Mann zu einem Abendessen in ein schickes Restaurant (Beispiel).

Falls diese Situation öfter vorkommt, schauen sie sich dieses Thema gemeinsam mit einem Paartherapeuten (oder einer Paartherapeutin) an ...

Wichtig ist, dass die Basis einer Familie, die Beziehung, stimmt, sonst funktioniert der Rest nicht. Der Alltag soll so geregelt sein, dass Mann und Frau gut damit leben können und sich fair behandelt fühlen. Natürlich hilft es, eine gewisse Struktur bzw. gewisse Abläufe zu fixieren, denn es kann für den Einen sauber sein und für den Anderen schon lange nicht mehr erträglich. Mit anderen Worten, es ist besser, ihr Mann weiß fix, dass er montags mit Staubsaugen dran ist, als sie warten und fühlen sich schon längst nicht mehr wohl.

Erste Hilfe Koffer:

- Das Paar soll sich nach der Person richten, die das größere Sauberkeitsbedürfnis hat. Jene Person, der das nicht so wichtig ist, fühlt sich auch bei mehr Ordnung wohl (wir reden hier nicht von Putzzwänglern), umgekehrt leidet die andere Person enorm!

Das ist mein persönlicher Lieblingstipp!

- Klare Abmachungen und Strukturen sind wichtig, damit der Alltag funktionieren kann, besonders wenn, wie bei mir, ein Teil beruflich viel unterwegs ist.

- Respekt und Wertschätzung für das, was der Partner zum Alltagsleben beiträgt und Gespräche darüber, wie es einem damit geht, helfen unnötige Konflikte zu vermeiden.

- Hilfe von außen holen, bei Dingen, die beide nicht gerne machen – Omas und Schwiegermamas freuen sich oft sogar, wenn sie gebraucht werden und verselbstständigen sich nicht, wenn sie klare Aufträge kriegen (Generationsgrenzen).

- Kinder sollen auch einen Teil der Verantwortung für einen funktionierenden Alltag haben (Mülleimer ausleeren, Ordnung im eigenen Zimmer halten, Geschirr in den Geschirrspüler geben, leere Klopapierrollen wegschmeißen, etc. ...)

Männer, die behaupten, sie seien die
uneingeschränkten Herren im Haus,
lügen auch bei anderen Gelegenheiten.

(Mark Twain)

Eine Frau meckert,
der Mann diskutiert!

Diesen Satz liebe Damen, haben sie sicher schon des öfteren gehört. Ich kann mir vorstellen, dass sie diese Aussage eher vom männlichen Geschlecht oder gar von ihrem eigenen Mann zu hören bekommen.

Was meinen Mann betrifft, der formuliert das dann so, wenn ich mich beschwere:
„Was passt denn jetzt schon wieder nicht! Ich kann dir nichts Recht machen!"

Kommt ihnen das bekannt vor?

Ja, meine lieben Damen, auch ich „meckere" manchmal. Nämlich wenn mir alles zuviel wird. Wenn die Botschaft, also mein Wunsch an ihn, einfach nicht rüberkommt. Ich fühle mich einfach nicht gehört und verstanden.

Die Schlussfolgerung ist dann das „Meckern" und dieses Verhalten kann dann auch zu einem Machtkampf führen. Daraus folgen dann Schuldzuweisungen (aber du bist ...), Kritik, Wut und Zorn.

Im Endeffekt sind dann Beide total frustriert und es herrscht dann auf beiden Seiten ein eisiges Schweigen.

Also, wie schafft es „Frau", die Botschaften, die ihr am Herzen liegen, so rüber zu bringen, dass der bzw. ihr Mann sie versteht?

Meckern heißt immer wieder dasselbe sagen – Mann schaltet deshalb auf Durchzug, d.h. es kommt nix mehr an. Das bringt nichts, weil häufig das Problem nicht da liegt, dass der Partner nicht versteht, worum es geht, sondern dass ihm die Bereitschaft fehlt, darauf einzugehen. Der Grund dafür kann vielfältig sein:

- patriarchale Erziehung – Bsp.: Wäsche fallen lassen, wo ich sie ausziehe – Mama hat's immer aufgeräumt, dafür sind Frauen da.

- andere Lebenshaltungen – mich stört das nicht oder ich mag das sogar – fühl mich in einem heimeligen Chaos wohl – will nicht im Museum leben, wo alles steril ist und unbequem, oder es fehlt das wir – das heißt, die Frau bestimmt alleine was gemacht wird.

- bin ein Individuum, strebe nach vorne (Einzelkinder sind da häufig einzuordnen – die Welt hat sich immer um sie gedreht – oder der einzige Sohn in der Familie, ...), bin nicht gewöhnt auf einen Partner einzugehen, für ihn auf etwas zu verzichten oder gar Rücksicht zu nehmen.

D.h. nicht zerreden, besser ist handeln bzw. nicht handeln – beste Schule, wenn ich es selbst aushalte und durchstehe, ist, Wäsche liegen zu lassen, liegen gelassene Wäsche nicht zu waschen, nur die, die im Wäschekorb landet – aber das halten die meisten Frauen nicht lange aus, weil sie sich in Unordnung nicht wohl fühlen; Männer hingegen können hier sehr ausdauernd sein.

Beim Handeln sind der Phantasie keine Grenzen gesetzt. Eine Freundin von mir erzählte mir mal: Ich hab' mal ganze Wäsche aus dem Fenster in den Garten geschmissen. Christoph ist das gar nicht aufgefallen, hat zwar mal kurz nach seiner Wäsche gesucht, hat aber dann einfach was neues aus dem Kasten geholt.

Am allerbesten ist, wenn man nicht mehr wütend und geladen ist, Verhandeln – Vereinbarungen treffen, wie man in der Zukunft mit dem Problem umgeht, bsp. Wäsche – Mann kauft sich einen „stummen Diener" und hängt Wäsche darüber, die er noch benutzt, Rest wandert in Wäsche Korb.

Wenn das alles nichts hilft, braucht man Hilfe von Dritten, sonst kann man aus diesem Teufelskreis oft nicht mehr aussteigen – hinter männlicher Ignoranz kann vieles stecken, muss nicht nur Erziehung zum Macho sein, es kann auch sein, dass er auf sich auf diese Weise für Kränkungen rächt ...

Häufig reicht ein neutrales Wort von Außen, dass wieder Bewegung in die Situation kommt – diese emotionalen Verstrickungen kann man oft selbst nicht mehr lösen – ist wie ein Hamster im Laufrad!

Das kennen sie ja! Reden wie eine tibetanische Gebetsmühle.

Ein anderer Aspekt, denn ich gerne noch ansprechen möchte, ist:

Warum werden manche Frauen immer noch für so blöd gehalten bzw. „für blöd verkauft" von den Männern ... so nach dem Motto, ach die Alte, was hat sie denn immer oder sie versteht ja eh nichts von der Welt! Was regst du dich denn wegen jeder Kleinigkeit auf ...

- So reagieren Männer die Angst vor Frauen haben „Potenzängste" – ist ein altes Thema – wir Frauen haben mit unserer Zeugungsfähigkeit die volle Macht der Arterhaltung d.h. ob sich die Gene des Mannes vermehren hängt davon ab, ob wir Frauen ihnen Kinder gebären – das macht den Männern instinktiv Angst deshalb müssen sie uns kleiner machen, abwerten, unbedrohlich machen.

- Selbstsichere Männer begegnen einer Frau auf gleichwertiger Ebene, müssen sie nicht kleiner machen ...

- Dies hat auch was mit kultureller Prägung zu tun – welchen Status eine Frau hat (in manchen Kulturen werden Frauen als Göttinnen verehrt ...) – patriachale Kultur – auch bei uns noch zum Teil die Grundhaltung, ... (auch bei türkischen, südländischen Kulturen ...)

Wenn sich Freundinnen untereinander austauschen, heißt es, wir sind Tratschweiber und die Männer diskutieren und philosophieren. Warum?

Die Frage beantwortet sich zum Großteil mit der Vorfrage. Dazu kommt auch, dass wir in unserer Gesellschaft, Kultur noch immer dazu erzogen werden, dass Frauen den Gefühlspart überhaben, d.h. sensibel für die Bedürfnisse und Gefühle der anderen sind – kommt von unserer Geschlechterrollenerziehung – und auch für das emotionale Wohl der Familie verantwortlich sind. Männer werden eher zum Leistung bringen erzogen.

Mit anderen Worten, wir werden dazu erzogen, empathisch für andere zu sein, d.h. sich einzufühlen in andere, ... um die Gefühle der anderen wahrnehmen zu können, muss ich mich austauschen, muss auf andere eingehen und nachfragen, und das tun wir Frauen auch gerne. Männern ist so was lästig, sie verstehen den Sinn der Sache nicht – wollen was leisten, ein Produkt schaffen ...

Anders erklärt, wir Frauen tauschen uns viel über Gefühle aus und Männer häufiger auf einer intellektuellen, rationellen Ebene – da geht's um Politik, Wirtschaft und Geld, sie sind mehr nach außen orientiert und wir mehr nach innen – das ist auch dieser Arterhaltungstrieb: der Mann braucht den Überblick über sein Revier, wir Frauen sind zuständig, was in der Höhle abgeht, dass alle gesund sind, sich wohl fühlen und dass ein Essen auf dem Tisch steht.

Wie nennt man das „Meckern" bei Männern?

Natürlich gibt's auch Männer, die viel meckern und suddern – aber wir würden sie eher als griesgrämig bzw. cholerisch (ausflippen, roter Kopf ...) bezeichnen.

Als Choleriker bezeichnet man einen leicht erregbareren, unausgeglichenen und jähzornigen Menschen, der wenig bis gar keine Lebensfreude mehr besitzt.

Da fällt mir ein spontanes Zitat von Hildegard Knef[*] ein:

Ein schreiender Mann hat eine Meinung.
Brüllt ein Mann, ist er dynamisch,
brüllt eine Frau, ist sie hysterisch.

---

[*] Hildegard Knef: 28.12.1925-01.02.2002, deutsche Schauspielerin, Chansonsängerin und Autorin.

Er will die Abkürzung beim Sex, Frauen die längere Strecke!

Nach einigen amüsanten und auch ernsthaften Gesprächen mit meinen Freundinnen und Bekannten kam ich zu dem Entschluss, dass mehr als die Hälfte der Frauen nicht sehr zufrieden mit ihrem Sexleben sind.

Eine junge Studentin erzählte mir sogar, dass die so genannten „11 Minuten" sogar zuviel waren. Ihr damaliger Freund war in 5 Minuten fertig. Ich fragte wirklich ein paar Mal nach, ob das auch stimme, denn ich war total erstaunt und sogar schockiert darüber, dass ihr damaliger Freund einfach nicht auf ihre Bedürfnisse und Wünsche einging. Obwohl sie ihm schon einige Male ihre Bedürfnisse und Vorlieben bezüglich Sex erklärte.

Kurze Anmerkung: Es handelte sich hier nicht um einen Quicki ! Das war alltäglicher Sex!

Warum wollen also einige Männer nach wie vor die Abkürzung beim Sex, auch nach stundenlangem Erklären von Wünschen, die man als Frau gerne hätte.

- Weil es um Arterhaltung geht – ist der Sperma drin, ist der Job erledigt – sind Männer oft gerade am Beginn einer Beziehung sehr eifrig bei der Sache – da geht's aber noch ums Werben und Verführen, da ist noch nicht klar, ob Arterhaltung gesichert ist – da lassen sie sich viel Zeit beim Vorspiel und gehen auf die Frau total ein …

Wie war das Sexleben am Anfang ihrer Beziehung und wie ist es jetzt?

Warum wollen manche Männer überhaupt den Akt etwas kürzer?

- Hat auch einen kulturellen Teil – bei uns sind Männer potent, die so schnell und so oft abspritzen, wie es nur geht. Sorry, für diese Wortwahl. Aber je mehr Frauen ein Mann flach legt, desto männlicher wirkt er! Wenn Frauen das machen würden, werden sie nicht als sehr weiblich bezeichnet ...

- In China etwa wäre das undenkbar, dass ein Mann mehrere Samenergüsse hat – dort ist Sperma ein wesentliches Lebenselixier, das der Mann nie vergeuden würde, und in China hat Potenz damit zu tun, dass der Mann soviel wie möglich Frauen befriedigt, und die Kunst dabei ist eben nicht zu ejakulieren, seinen wertvollen Saft zu wahren.

Warum schläft Mann gleich nach dem Sex ein?
Diese Frage wurde mir schon des öfteren gestellt

- Weiß nicht, ob das nur bei Männern so ist, aber meistens. Der vollzogene Akt ist etwas sehr entspannendes, beruhigendes, und wenn man nicht gleich danach aufspringt und sich waschen und duschen und sonst was tun muss, d.h. sofort wieder Energie mobilisiert und aufbaut, findet man einfach und leicht in den

Schlaf. Kleine Kinder entdecken das auch oft rasch – dass Selbstbefriedigung etwas entspannendes ist: Mütter die mit ihren Kindern zu mir kommen, weil sie sich Sorgen machen, weil diese ständig – gerade nach Kindergarten, Schule, d.h. nach einer längeren Anspannung, Spannungsaufbau – masturbieren, haben einfach gelernt, dass man sich auf diese Art schnell und unkompliziert entspannen kann. Natürlich ist das nicht recht gesellschaftstauglich und wenn die Kinder andere Alternativen angeboten kriegen, wie man sich entspannen kann (Entspannungsgeschichten oder Entspannungsmusik für Kinder, ein Waldspaziergang ...), dann hört das massive Masturbieren rasch auf!

Sind Künstler (Kreativität und Lebendigkeit) bessere Liebhaber als öde Büroheinis?

- Nicht jeder Büroheini muss öde sein und viele Menschen unterschätzt man durch ihre unscheinbare Optik!

- Und bei den Künstlern, da gibt es auch welche die echt kreativ sind und was draufhaben, und andere kochen ständig das gleiche Süppchen. Ich persönlich glaube nicht, dass die Berufswahl viel darüber aussagt, ob ein Mann gut im Bett ist.

Frauen sind viel romantischer, Männer nur dann, wenn sie damit etwas bezwecken (wollen), warum?

- Stimmt nicht – es gibt genauso unromantische Frauen und sehr romantische Männer; und dann ist die Frage, was ist romantisch – dem einen gefällt's und dem andern ist's zu viel oder kitschig ...

- Romantik hat auch was damit zu tun, wie weit ich meinem Partner eine Freude machen möchte, ihn umwerben und verwöhnen möchte. Und das hat auch damit zu tun, wie jeder mit seinen Reizen spielt und wirbt, wie viel Erotik und Sinnlichkeit in einer Beziehung Platz hat. Das sind ja keine Dinge, die wirklich für Alltag und Überleben wichtig sind – solche Dinge wird ein Paar schon aus Neugier oder weil einfach mehr Zeit zur Verfügung ist, mehr praktizieren als eine Familie, die tagsüber damit befasst ist, Mäuler zu stopfen und die Kinder zu versorgen und zu beschäftigen.

- Das hat auch viel mit Kultur und Traditionen zu tun – siehe Länder wie Brasilien, wo sinnlich-erotische Tänze wie argentinischer Tango, Salsa ... gang und gäbe sind – wo werben und umworben werden und das ganze Ambiente eine große Rolle spielen.

Haben Frauen oder Männer überhaupt utopische Vorstellungen, was Sex betrifft?

- Viele haben zumindest die naive Vorstellung, dass nur der richtige Partner her muss – die große Liebe –, dann wird der Sex ewig phantastisch sein, und regelmäßig, am besten täglich ausfallen. Denkste, so ist es mit Sicherheit nicht!

- Fakt ist, dass nach ein paar Jahren Zusammenleben Sexualität in der Beziehung in den Hintergrund tritt und andere Werte in den Vordergrund treten (ich weiß, von was ich rede ...) – Alltag ist einfach ein Sexkiller – um so sicherer ich mir meines Partners bin, umso uninteressanter wird der Sex (hat was arterhaltendes – mein Überleben ist gesichert, Nachkommen sind gesichert), oder auch, wenn man den eigenen Mann beim Pinkeln sieht oder ähnlichem, ... das turnt ab ...

- Sexualität verändert sich auch im Laufe des Lebens – aus der Gerontopsychologie (Altenforschung) weiß man etwa, dass umso älter man wird, umso bedeutender das Vorspiel wieder wird – d.h. es geht nicht mehr ums ejakulieren, sondern ums Drumherum – um „schönen" Zeitvertreib, um Beschäftigung. Im Alter hat man ja wieder viel Zeit. Wenn man jung ist, gibt es so viele Dinge, die noch wichtig und attraktiv sind – Karriere, Kinder, Familie, Anerkennung, man will noch so vieles erleben und ausprobieren, Sex ist da nur ein wichtiger Faktor von vielen.

Wird Sex überbewertet?

- Wenn man von der Quantität ausgeht, sicher – denn es kommt nicht drauf an wie oft und wie viel man Sex hat; das was Menschen wirklich verbindet ist der Prozess des Eins-Werdens, des Verschmelzens, des vollkommen mit dem anderen Übereinstimmens, des vollkommenen sich nahe seins.

- Wie viele Paare machen wirklich die Erfahrung eines gemeinsamen Orgasmus, wie viele sind wirklich so aufeinander abgestimmt, dass Sexualität zu einem vollkommenen Akt der Befriedigung wird, denn nur auf das kommt es an, das macht Sexualität in einer Partnerschaft zu etwas besonderem und das braucht einen besondern Rahmen – Zeit, beiderseitige Lust und Anziehung und Interesse.

- D.h. die Qualität macht's aus, jedoch sollte Sexualität in einer Partnerschaft nicht ganz fehlen, denn es ist eine wesentliche Möglichkeit, dem Partner wirklich nahe zu sein.
Aber ich kenn' auch keinen Menschen, der täglich Lust hat – gerade wenn es um Familien geht, reduziert sich die Frequenz in der Regel auf monatlich bis weniger – es fehlen einfach die Gelegenheiten, man ist als Eltern abends müde und erschöpft.
Man lebt tagsüber viel Nähe mit den Kindern – oft zuviel, gerade als Frau, so dass man am abends gar

keine Nähe mehr aushält. Der Mann, der dann kuscheln will, der kann sogar nerven – das ist gerade wenn die Kinder noch klein sind (Vorschulzeit) ganz normal.

- Es ist auch eine Frage der Wertigkeit – wie wichtig ist für mich persönlich Sexualität, welchen Stellenwert hat sie in meinem Leben – hat auch viel damit zu tun in welcher Familie und in welcher Kultur ich aufgewachsen bin.

Hat einen Anzug an, redet wie ein Anzug!

Vor kurzem konnte ich ein Rudel Männer beobachten, die gerade aus einer Bank herauskamen. Alle waren in dunklen Anzügen gekleidet und bei ein paar Männern klapperten sogar die Schuhsohlen.

So wie bei den Cowboys ... die haben ja auch Sporen an den Stiefeln ... klapp, klapp, klapp ...

Ach ja, und die rechte Hand war auch bei den meisten Männern in der Hosentasche.

Für mich war dieses Bild lustig und befremdlich zugleich. „Was wollen sie eigentlich damit bezwecken?" fragte ich meine Kollegin, die diese Situation ebenfalls beobachtete.

Sie erwiderte: „Steif wie ein Besenstiel, kommen sich aber irre gut vor!"

Und warum wirkte dieses Bild so eigenartig auf uns, beziehungsweise: Warum wirken manche Männer in so einer Situation nicht authentisch?

- Nicht authentisch wirken Menschen, die eine Rolle „spielen". Wir alle übernehmen verschiedene Rollen, im Beruf, zu Hause, in der Familie, in der Beziehung. Manche dieser Rollen füllen wir gut aus, manche eher nicht und wir verhalten uns in verschiedenen Rollen auch verschieden. Das kann man zum Beispiel bei seinem Partner beobachten: Stellen sie sich vor, sie fahren mit ihm zu seiner Familie ... dort redet und verhält er sich anders als gewohnt und regt sie mit seinem „anderen" Verhalten plötzlich auf. So nach dem Motto: „Wie ist den mein Partner jetzt drauf, so kenne ich ihn gar nicht!"

- Oft schlüpfen Menschen unbewusst wieder in die alte Kind-Rolle, werden sozusagen wieder zu Kindern und wir wundern uns, wenn wir sie kaum wieder erkennen.

- Ein wichtiger Faktor dafür, welche Rollen Menschen bewusst oder unbewusst annehmen, ist ihr Selbstwert. Vereinfacht kann man sagen: wenn ein Mensch eher unsicher ist, neigt er leichter dazu, in „nicht-authentische" Rollen zu schlüpfen. Und ein gutes Beispiel dafür ist der steife Mann im Anzug: ich verstecke mich hinter meiner beruflichen Kompetenz ...

Warum glaubt Mann, wenn er in einem Anzug steckt und vielleicht noch Schuhe, die klappern, besitzt, dass er etwas Besseres ist?

Gibt ihm diese Uniform Schutz? Haben Männer keinen Selbstwert? Oder suchen sie nach einem Weibchen?

- In diesem Fall haben äußere Dinge mit Statussymbolen zu tun – durch eine teure Uhr, ein tolles Auto oder Markenkleidung teilt uns ein Mann bewusst oder auch unbewusst mit, wie potent und begehrenswert er ist.

- Je unsicherer ein Mann in seiner männlichen Identität ist, umso bedeutender sind äußere Faktoren – „seine Ritterrüstung", die ihm Sicherheit gibt.

- Es geht auch um Machtdemonstration – teure Autos, Titel, etc. sind eine Demonstration von Macht und Überlegenheit. Das spielt in unserer Gesellschaft eine große Rolle. Einem Ureinwohner des Amazonas-Regenwaldes wird unser Doktortitel nichts bedeuten und schon gar nichts sagen. Aber gehen wir in unseren Breiten beispielsweise zum Arzt und werden mit „Hr. Dr. Sowieso" aufgerufen, drehen sich alle um und schauen, wer denn das ist ...

Fühlt sich ein Mann mit seinen äußeren Symbolen den Frauen (und nicht nur seinen Artgenossen) überlegen?

- Zumindest muss sich das so mancher Mann einreden – denn wie bereits erwähnt, ganz tief in ihm drin weiß er ganz genau, dass ohne uns Frauen gar nichts geht, denn ohne uns sind seine Nachkommen nicht gesichert.

- In der Realität ist ein Mann, der das Geld heim bringt, genauso wichtig wie die Frau, die dafür sorgt, dass dieses Geld den Alltag lebenswert macht. Was hab ich vom vielen Geld, wenn ich kein Essen am Tisch habe und niemand da ist, der sich abends auf mich freut?

Man empfängt die Leute nach ihrem Kleide und entlässt sie nach ihrem Verstand.

(Sprichwort)

Fernbeziehung

Als ich meinen Mann kennen lernte, führten auch wir eine Fernbeziehung.

Mein Mann wohnte und arbeitete in Kapstadt und ich in Linz.

Wir schrieben uns viele Briefe und die Telefonrechnungen waren enorm hoch. Nach einiger Zeit beschlossen mein Mann und ich, dass ich nach Kapstadt ziehe.

Ja, so begann die spannende, aber auch zum Teil herausfordernde Zeit für uns. Es war ehrlich gesagt nicht immer ein Honigschlecken für mich. Ich hatte extrem Heimweh und die Beziehung wurde auf eine Probe gestellt.

Kurze Anmerkung: In Kapstadt waren wir nicht sehr lange, danach ging es nach Sao Paulo, und diese Zeit war echt hart.

Wie kann eine Fernbeziehung gut gehen?

- Wenn man gemeinsame Visionen und Ziele hat – d.h. ein Zukunftsmodell des Zusammenlebens –, z.B. in 3 Jahren ziehe ich zu dir nach Wien und such mir dort einen Job. Und wir suchen uns eine gemeinsame Wohnung, oder eine gemeinsamen Vision kann auch eine Weltreise sein …

- Das bedeutet, auf Dauer kann eine Fernbeziehung gut gehen, wenn man sich innerhalb eines absehbaren Zeithorizonts auf einen gemeinsamen Wohnort einigen kann.

Ich kenne ein Paar, da war sie Französin und er Öster-reicher. Sie haben sich ausgemacht, dass sie zu ihm nach Österreich zieht und beide dann in der Pension in Frank-reich alt werden.

Worauf es noch ankommt bei Fernbeziehungen:

- Paare, die oft voneinander getrennt leben, brauchen Rituale des Ankommens und des sich wieder Trennens. Sonst hat man immer eine Phase des „Fremdelns" und die ist oft erst vorbei, wenn der Partner schon wieder fährt. Ich kenne das auch persönlich, da mein Mann oft über Nacht weg ist.

- Beide Partner sollten offen und bereit sein, sich auf das Umfeld des Partners (Familie, Freunde, Sozialkon-takte, …) einzulassen, auch wenn das schwierig ist. Denn wenn man endlich mal wieder zusammen ist, will man oft gar nicht die Freunde treffen oder die Fami-lie kennen lernen …

- Paare in Fernbeziehungen sollten sich Möglichkeiten schaffen, den Alltag des Zusammenlebens, die Wirk-lichkeit „normaler" Beziehungen, zu erfahren, sonst bleiben sie im „Kennenlern-Verliebtheits-Stadium" stecken, und dann kommt die bittere Enttäuschung, wenn man zusammenzieht. Solche Paar sollten sich oft (nicht nur ein- zweimal im Jahr) gemeinsame Urlaube und verlängerte Wochenenden einrichten, in denen sich zumindest der „kleine" Alltag mit all seinen kleinen Tücken erleben lässt.

- Einer der beiden wird beim Zusammenziehen alles aufgeben müssen – Arbeit, Wohnung, Freundeskreis, Familie. Für diesen Teil wird der Partner besonders wichtig. Der andere hingegen lebt weiter wie gehabt und will weiter seine Freunde treffen und auch mal alleine sein ... Ungleichgewicht und Abhängigkeit können so ganz schnell entstehen.

- Eine spannende Alternative beim Zusammenziehen ist, wenn beide einen Neubeginn starten, an einem neuen Ort, in einer neuen Wohnung ... nach dem Motto „Geteiltes Leid, halbes Leid".

Zusammengefasst lässt sich sagen, dass man da und dort zusammenfinden muss, und ob es funktioniert, liegt an der Bereitschaft der Partner, Kompromisse zu finden und auf den anderen zuzugehen, sich auf ihn einzulassen.

Wie lange tut eine Trennung für beide Partner gut, ab wann ist sie hinderlich?

- Das ist ganz unterschiedlich – manche Menschen brauchen viel Zeit für sich – leben sehr autonom und unabhängig, haben unterschiedlichste Hobbys ... die kommen lange ohne Partner aus bzw. brauchen das auch. Andere sogenannte „Klammeräffchen" können gar nicht wirklich ohne Partner leben und wollen alles gemeinsam machen ...

- Jedes Paar muss für sich herausfinden, welche Abstände für die Beziehung tragbar sind, das ist ganz unterschiedlich. Wichtig ist, eine gewisse Kontinuität, so dass das feine Beziehungsband, dass im Laufe einer Beziehung entsteht, nicht abreißt, denn sonst muss man sozusagen jedes Mal von vorne beginnen.

Thema Treue bei Fernbeziehung ...
Ist mein Partner mir treu? Kann ich ihm vertrauen?

- Treue ist ein Grundsatzthema in Beziehungen und wirkt sich bei Fernbeziehungen gravierender aus. Der andere ist mir viel öfter und länger entzogen und das noch (meist) über eine größere räumliche Distanz. Fernbeziehungen benötigen daher eine große Portion gegenseitiges Vertrauen.

- Häufig suchen sich Menschen, die Angst vor Nähe und Intimität haben, unbewusst einen Partner, der weit weg ist, da diese räumliche Distanz für solche Menschen notwendig ist, damit Nähe lebbar wird (z.B. Wochenendbeziehungen ...).

- Treue hat auch damit zu tun, „Nähe" zu einem Menschen aushalten und leben zu können, denn kann ich das, dann fehlt mir auch nichts in einer Beziehung – ich fühle mich sicher, wohl, verstanden, kann mich beim Sex gehen lassen und hemmungslos sein, weil ich vertraue und mich nahe, verstanden und sicher fühle.

- Untreue ist im umgekehrten Sinne oft die Unfähigkeit mich auf eine Beziehung tief ein- und Nähe zuzulassen, weil etwa Nähe in der Kindheit als etwas Bedrohliches erlebt wurde (Gewalt, sexuelle Gewalt, Eltern die sich emotional nicht auf ihr Kind einlassen konnte). Prostitution fällt in diesen Bereich: Anonymisierter Sex macht bedrohlich Erlebtes unbedrohlich und lebbar ... ich bin von der Prostituierten nicht abhängig (so wie früher von meinen Eltern), ich bestimme, wo es langgeht, wie lange und was ich will. Ich erlange Kontrolle, die ich als Kind nicht hatte ...

- Aber auch ein narzisstischer Teil im Menschen, der nach Status, Anerkennung, Potenz strebt, führt oft zur Untreue. Häufig sind Menschen betroffen, die einen großen Geltungsdrang und geringen Selbstwert haben und Bestätigung von außen brauchen.

- Es kann aber auch sein, dass ein Partner über einen längeren Zeitraum keinen Sex mit dem anderen haben will. Das kann am Selbstwert nagen und dazu führen, dass der andere sich diese Bestätigung, begehrenswert und attraktiv zu sein, von außen holt.

- Bei Fernbeziehungen kommt dazu, dass es in der Regel mehr Gelegenheiten zur Untreue gibt. Die Verlockung ist größer – der andere kriegt es eh nicht mit.

- Natürlich sind auch die Sehnsüchte größer – ich kann den Partner sehr vermissen, wenn ich ihn länger nicht sehe – und suche mir früher oder später Trost bei einem anderen …

Ist in einer Fernbeziehung da nicht jeder ein Individuum, es gibt ja kaum Gemeinsamkeiten?

Was tue ich, wenn ich nicht damit umgehen kann?

- Es ist natürlich schwerer, ein „Wir" zu entwickeln, denn ich muss es auf gewisse Weise immer wieder von neuem machen, bei jedem Wiedersehen.

- Gemeinsame Interessen und Hobbys zu finden, ist in jeder Beziehung wichtig und möglich, auch in einer Fernbeziehung oder gerade in einer Fernbeziehung – wenn ich etwa gerne wandere oder tauche, dann kann ich mich ja auch an einem dritten Ort treffen, um dem gemeinsamen Hobby nachzugehen.

Wie bereite ich mich in einer Fernbeziehung auf ein bevorstehendes längeres oder ständiges Zusammenleben vor?

- Viel über konkrete Vorstellungen und Erwartungen sprechen: wie sich jeder den Alltag vorstellt und was beide brauchen, damit sie sich wohlfühlen. Denn sonst hat jeder Erwartungen an den anderen und das gemeinsame Leben und wird bitter enttäuscht, weil alles anders ist.

- Versuchen, längere Zeiträume bereits vorher miteinander zu verbringen (siehe Kapitelanfang). So kriegt man ein Gefühl dafür, wie ein gemeinsamer Alltag ausschauen kann.

- Gemeinsame Hobbys finden, mit denen sich auch andere und neue Sozialkontakte knüpfen lassen, so dass die Partner nicht ausschließlich abhängig vom anderen sind.

- Sich, bevor man zusammenzieht, einen Job in der neuen Heimat suchen, damit man sofort eingebunden ist und nicht zu Hause sitzt und auf den Partner wartet, ohne eigene Kontakte knüpfen zu können.

Ihr Mann ist viel unterwegs, auch über Nacht. Welche Komplikationen bringt dieses (Familien)leben mit sich?

- Problematisch ist, dass etwa einer länger von zu Hause weg ist und sich wieder auf die Familie freut und der andere den Alltag weiter lebt und den wieder heimkommenden Partner als Störfaktor erlebt.

- Der eine war in der Fremde und sehnt sich nach zu Hause und nach seiner Familie, der andere hat den ganz normalen Familienwahnsinn und hat nicht noch Lust darauf, sich mit dem wieder Heimkommenden besonders zu beschäftigen. Im Gegenteil, es kann sogar so weit kommen, dass man den heimkommenden Partner dann nur als Babysitter und Kinderbetreuer sieht und eigentlich nur Ruhe und Zeit für sich selbst will.

- Und da liegt das Problem: der eine hatte in der Ferne Abwechslung und „Action" und sehnt sich nach Nähe, Austausch und Geborgenheit. Der andere will bloß seine Ruhe und ja keine Nähe mehr nach einem ganzen Tag intensivster Nähe mit den Kindern.

- Paare sollten viel darüber sprechen, was sie brauchen, wenn der andere wieder heimkommt. Damit werden falsche Erwartungen und Missverständnisse vermieden und man erspart sich Streit, weil sich einer nicht geliebt, zurückgewiesen oder sogar als unerwünscht erlebt.

- Wichtig ist auch, dass es klare Modelle gibt, wie im Alltag ein wieder Heimkommen stattfinden kann. Etwa, wenn Mann von Dienstreise heimkommt, geht Frau eine Runde laufen, während Mann auspackt und Kinder begrüßt, dafür nimmt man sich abends Zeit für die Beziehung – ein schönes gemeinsames Abendessen ...

Wie schafft man eine Fernbeziehung mit Familie und Kindern?

- Manchmal ist das schwierig, denn dann kommen auch noch die Bedürfnisse der Kinder hinzu, und das alles unter einen Hut zu bringen, ist nicht so leicht.

- Häufig kommt's da zu Subgruppierungen (Untergruppen), zum Beispiel: Mutter und Kinder sind ein eingespieltes Team, Vater fühlt sich ausgeschlossen, nicht gebraucht, nicht zugehörig.

- In dieser Konstellation ist sehr viel Beziehungsarbeit notwendig. Stets versuchen, ein „Paar" zu bleiben und nicht ein Kind in die Partnerersatzrolle rutschen lassen (zum Beispiel: der ältere Sohn schlüpft in Papas Fußstapfen, das kann sogar so weit gehen, dass er während Abwesenheit in Papas Bett schläft).

- Hilfreich ist, wenn die Familie, den Partner der gerade auswärts ist, ab und zu besucht – wenn er etwa wegen seiner vielen Arbeit nicht heim kann. Dann teilt der Rest der Familie auch ein Stück weit das Leben desjenigen, der weg ist, und das verbindet. Es kann ja auch schön sein, Urlaub bei Papa zu machen. So sieht die Familie, wie der fehlende Teil lebt, wo er arbeitet, wenn er weg ist.

Beziehung ist der Spiegel, in dem wir
uns selbst so sehen, wie wir sind.
(Krishnamurti, „Der Spiegel der Liebe")

Multikulturelle Beziehung

Die Person, die wir lieben, die suchen wir uns nicht nach dem Herkunftsland aus. Auch die Liebe ist länder- und kulturübergreifend und dazu gehören Fernbeziehungen und multikulturelle Partnerschaften.

Natürlich gibt's da einige Probleme zu bewältigen, denn multikulturelle Paare müssen sich zusätzlich zu den üblichen Alltagsthemen in einer Partnerschaft noch der täglichen Herausforderung mit einer fremden Denk- und Verhaltensweise stellen. Denn meistens sind es ja die kleinen Dinge im Zusammenleben zweier Menschen, die auf Dauer die Nerven strapazieren.

Aber die Herausforderung einer multikulturellen Partnerschaft oder Ehe ist gleichzeitig auch ihre größte Chance. Die kulturell unterschiedlich geprägten Partner können sich wortlos verstehen, aber sie werden gleichzeitig trotz intensiver Liebe die Andersartigkeit spüren. Grundsätzliche Einstellungen zu Themen wie Familie, Finanzen, Zärtlichkeit, Sexualität, Freundeskreis sind in verschiedenen Kulturen völlig unterschiedlich.

Daher ist eine intensive Kommunikation über Dinge, die für uns selbstverständlich scheinen, existentiell für interkulturelle Paare.

Das Paar muss sozusagen eine eigene Paarkultur in Bezug auf das Verständnis der Bedürfnisse und Empfindungen des anderen entwickeln. Internationale Paare müssen viel mehr Arbeit investieren, beide Partner müssen noch stärker kompromissbereit und in der Lage sein, die eigenen Anschauungen ein Stück weit aufzugeben, ohne die eigene kulturelle Identität vollständig zu verlieren. Die Bereitschaft zur Kommunikation sowie der Wille zur Reflexion sind für jede intime Partnerschaft das um und auf.

Ist das Leben mit einem ausländischen Partner schwieriger?

Das Leben mit einem ausländischen Partner muss nicht unbedingt schwieriger sein, aber man muss einiges beachten und anders machen.

Bei ausländischen Partnern prallen oftmals zwei grundverschiedene Welten aufeinander. Es erfordert viel Toleranz und Offenheit, um eine solche Beziehung aufrecht zu erhalten, und das natürlich von beiden Seiten. Wenn ein Partner dem anderen seine Kultur aufzwingen will oder gar die andere Kultur zu unterdrücken versucht, ist das Ende der Beziehung absehbar. Ganz wichtig ist, dass hier unterschiedliche Traditionen, Rituale, Alltagshandlungen verstanden und in Folge akzeptiert werden. Die große Kunst liegt dann darin, diese unterschiedlichen Lebensweisen im Alltag unter einen Hut zu bringen (der eine darf kein Fleisch essen, der andere geht sonntags in die Kirche, die einen feiern Weihnachten so, die anderen so ...).

Sprachbarriere

Eine große Barriere stellt auch die Sprache dar. Wenn man die Sprache des/der anderen nur teilweise spricht, fällt Kommunikation schwer und es kommt zu Missverständnissen und in Folge häufig zu Konflikten. Optimal ist, die Sprache des anderen fast wie die eigene Sprache zu sprechen.

Sonst bleibt oft die Frage offen, was der andere meint, es kommt zu Phantasien und Fehlinterpretationen (was ich nicht weiß, fülle ich damit aus, was ich glaube, bzw. mir vorstelle) und ehe man sich versieht, werden Missverständnisse zu einer Kluft zwischen den Partnern.

Das fehlende Gefühl von Nähe und Verständnis, das dadurch entstehen kann, kann zu einen Trennungsgrund werden. Ein besonderes Problem sind hier auch gesellschaftliche Kontakte, denn wenn ein Partner die andere Sprache nicht perfekt beherrscht und Freunde des Partners auf Besuch kommen, kann der andere der Unterhaltung überhaupt nicht mehr folgen (Dialekt, schnelles Reden ...). Er fühlt sich schnell einsam, ausgestoßen und nicht dazugehörig.

Entfernung

Wenn man in unterschiedlichen Ländern lebt und sich nur mit längeren Abständen sieht, ist das für eine Paarbeziehung sehr belastend. Das geht zwar eine Zeitlang gut, aber niemals auf die Dauer. Denn man fragt sich immer, was der andere wohl gerade macht. Schneller als man glaubt entsteht Misstrauen, und Misstrauen ist der Tod für jede Beziehung.

Natürlich können diese Probleme auch in einer „monokulturellen" Beziehung auftreten. Es reicht häufig schon eine unterschiedliche Glaubensrichtung, insbesondere, wenn mindestens einer seinen Glauben aktiv praktiziert. Bestimmte Rituale, wie Tischgebete, können einen „Inaktiven" schon ordentlich nerven, vom Heiraten ganz zu schweigen – in welcher Kirche, mit welchen Praktiken und Ritualen …

Natürlich gibt's auch nicht länderübergreifende Fernbeziehungen. Es reichen ja schon längere Fahrstrecken, um eine ordentliche Distanz auf verschiedenen Ebenen zu schaffen, und auch bei uns gibt's unterschiedliche Dialekte (Österreich: Mühlviertel – Wien; Deutschland: Allgäu – Hamburg). Anders ausgedrückt: Sogar bei uns kann's an der Sprache hapern, so dass der andere nur noch „Bahnhof versteht"!

Abhängigkeit oder gleichberechtigte Partnerschaft

Südländische Männer sind zwar häufig romantischer und heißblütiger, doch in Fragen Partnerschaft und des Zusammenlebens oft konservativ und manchmal weit von unserer mitteleuropäisch toleranteren Auslegung der Rollen von Frau und Mann entfernt.

Jedes Jahr gibt es mehr multikulturelle Ehen. Viele multikulturelle Partnerschaften funktionieren daher schlecht, weil die wirtschaftliche Macht für die Partnersuche benutzt wird. Männer wie Frauen sind sich dieses Machtinstrumentes immer stärker bewusst und suchen gezielt Beziehungen zu ausländischen Partnern (Thailänderin, der junge Afrikaner ...), die nicht selten wie „Haustiere" gehalten werden. Man(n) verdient das Geld und will alles kontrollieren. Der (aus unserer Sicht) ausländische Partner wird sich längerfristig selten als gleichwertiger Partner behandelt fühlen.

Eine gesunde Beziehung beruht jedoch nicht auf Abhängigkeiten, sondern auf einer gleichwertigen Partnerschaft, in der beide Partner ihre Fähigkeiten voll zur Entfaltung bringen können.

Kinder in multikulturellen Paarbeziehungen

Die Erziehung von Kindern ist sowieso eine der schwierigsten Aufgaben in einer Beziehung. Es geht immer darum, Übereinkünfte zu unterschiedlichen Werthaltungen und Erziehungsmethoden zu finden. In multikulturellen Familien muss man dabei noch zwei unterschiedliche kulturelle Lebensweisen integrieren.

Bikulturell erzogene Kinder haben aber auch die Chance, einen geschärften Sinn für andere Länder, Kulturen und Sprachen zu entwickeln. Kinder aus bikulturellen Familien sollten grundsätzlich beide Sprachen aktiv erlernen, denn die Zweisprachigkeit ist eine wichtige Basis, um die kulturellen Wurzeln der Eltern zu verstehen. Außerdem ist sie eine gute Vorbereitung auf eine immer stärker globalisierte Welt, insbesondere in beruflicher Hinsicht.

Manchmal kann Zweisprachigkeit auch Probleme verursachen, besonders wenn Kinder aus multikulturellen Beziehungen im Konflikt mit der eigenen kulturellen Zugehörigkeit sind und sich in beiden Kulturen als Außenseiter fühlen. Aber die Vorteile der Zweisprachigkeit überwiegen – außerdem lernen Kinder in den ersten Lebensjahren ohne Probleme eine zweite Sprache dazu – und wir Erwachsene müssen uns zum Teil plagen.

Vorurteile von Außen (Freunde, Familie, Arbeitskollegen)

Jede menschliche Gemeinschaft hat ihre eigenen kulturellen Werte, Vorstellungen und Rituale und diese gehen viele Generationen und manchmal sogar Zeitalter zurück.

Auf diese Weise kam es ja zu den Unterschieden der einzelnen Volksgruppen. Innerhalb einer Gemeinschaft vermitteln diese Unterschiede Schutz und Sicherheit und das sind Dinge, die tief in unserem Unterbewusstsein verankert sind.

Auch wir modernen Menschen werden in so manchen Dingen noch von alten Schutzmechanismen geleitet. Gerade wenn es um lebenswichtige Dinge wie Nahrung, Schutz unserer Kinder und Fortpflanzung geht.

Alles was fremd ist, bedeutet zunächst Vorsicht, Gefahr und dementsprechend reagieren wir Menschen zunächst einmal mit Misstrauen – etwa auch bei Menschen, die anders aussehen (sich etwa verhüllen oder eine andere Hautfarbe haben).

Bei solchen instinktiven, unbewussten Abwehrmaßnahmen hat oft unser Verstand nichts mehr zu sagen ...

Das Auto, seine heilige Kuh!

Wie oft habe ich Bekannte und Freundinnen schon klagen hören, als sich deren Männer neue Autos kauften: „Er ist so pingelig, ich muss mir vor dem Einsteigen beinahe ein Ganzkörperkondom anziehen, um ja nicht sein Auto zu beschmutzen ... "

Warum ist das Auto von manchen Männern so heilig?

Das beginnt schon bei unseren traditionellen Rollenbildern und der daraus resultierenden Erziehung ... fast immer sind Autos bei den allerersten Geschenken für Buben dabei ..., aber ganz selten bei Mädchen (Puppen, Kinderwagen ...) und ganz selten bekommen auch Buben die typischen Mädchengeschenke. Schon im Krabbelalter werden Auto und Mann unzertrennliche Freunde.

Und das setzt sich natürlich weiter fort. Später erfährt das Auto die Rolle eines Potenz- und Macht-Symbols: Ein starkes, schnelles, schnittiges Auto ist männlich und vermutlich lassen sich damit auch leichter Weibchen beeindrucken und männliche Artgenossen einschüchtern ... das Auto also auch als eine Art „Penisverlängerung" ...

Die Spielzeugindustrie (und im Erwachsenenalter die Automobilindustrie) hat daran natürlich ihre Freude ...

... und dann ist es natürlich auch so, dass Männer sich von starken Motoren, enormen Beschleunigungen, hohen Geschwindigkeiten und tollen Sounds emotional beeindrucken lassen ...

Warum sind Männer beim Autoputzen so ordentlich, wie wir sie uns im Haushalt wünschen würden?

Weil das Auto mehr als ein Transportmittel für den Mann ist – repräsentiert ihn nach außen, zeigt seinen Status seine Macht, seine Potenz.

Kann sein Sauberkeitsfimmel beim Auto auch ins eigene Heim übertragen werden?

Ja, aber es bedarf dazu großer Ausdauer von uns Frauen, denn oft haben Männer – was das Zuhause betrifft – eine andere Toleranzschwelle, was Sauberkeit und Ordnung betrifft, als wir Frauen. Manche Dinge, die uns stören, fallen ihnen gar nicht auf. Und das führt zu Konflikten.

... ist es vielleicht auch ein bisschen Bequemlichkeit der Frau, sich nicht mit diesem Problem/Konflikt auseinanderzusetzen?

Ob Bequemlichkeit oder nicht – mühsam sind viele Konflikte mit Männern. Die Frage ist, ob es immer sinnvoll ist, eigene Vorstellungen (in diesem Falle die der Ordnung und Sauberkeit im eigenen Heim) durchzuboxen oder gleich von Anfang an die Aufgaben so zu verteilen, dass jeder das tut, was er am besten kann, gerne tut, und so einen sinnvollen Beitrag zum Alltagsleben leistet. Man soll sich schließlich den Alltag erleichtern!

Großer Schlitten, kleiner Penis oder gar impotent?! Ist da was dran?

Hm ... generell schwierig zu beantworten ... mir fällt auf, dass es häufig so scheint, dass Männer, die sich gegenüber ihrer Umwelt extrem stark darstellen wollen, dadurch ihren mangelnden Selbstwert kompensieren möchten – aber das beschränkt sich nicht nur auf den Penis –, es kann ja auch sein, dass einer als Kind Legastheniker war und sich immer als Versager gefühlt hat und deshalb heut' als Mann den großen Schlitten braucht.

Aufgemotzte Autos bei Jugendlichen, hat das mit der „suchenden" Männlichkeit zu tun?

Ja, und auch mit Peergruppenverhalten – natürliches Konkurrenzieren und sich gegenseitig messen ... wie beispielsweise Beschleunigungsrennen an Ampeln, verbotene Autorennen, usw. ...

Der einzige Unterschied zwischen Mann und Kind
ist der Preis für's Spielzeug.

(Faith Hill, Countrysängerin)

Seine Geliebte: Die Arbeit

Ja, das kenne ich auch ... mein Mann arbeitet sehr viel, also von einer heimlichen Geliebten ist da nicht mehr die Rede.

Was wir aber kontinuierlich machen, ist, dass wir einmal im Monat versuchen, ein Wochenende für uns alleine heraus zu blocken und im Sommer eine Woche Urlaub ohne Kids zu machen. Das bringt wieder mehr Nähe, Vertrautheit und Schwung in unsere Ehe.

Warum ist die Arbeit bzw. der Erfolg bei Männern so wichtig? Hier ein paar verschiedene Antworten dazu:

Weil Arbeit und Erfolg für den männlichen Selbstwert enorme Bedeutung haben. Männer wollen bewegen, vorangehen und Ideen verwirklichen. Sie wollen vorne dabei sein, unverzichtbar sein, gebraucht werden ... und sie wollen, dass ihre Familie auf sie stolz ist.

Auf eine bestimmte Weise kommt beim Thema Arbeit der urzeitliche Jäger zum Vorschein ... „ich will ein erfolgreicher Jäger und Versorger sein, denn nur so kann ich das Überleben meiner Sippe sicherstellen ...“

Es gibt darüber hinaus natürlich noch weitere Aspekte, die eine Rolle spielen können:

- Flucht vor dem Erziehungsalltag.

- Angst, zu viel Nähe und Intimität zuzulassen und zu leben.

- Der Job bietet Struktur, Regelmäßigkeit und Sicherheit. Außerdem kann er Interessen abdecken und so zur Selbstverwirklichung dienen.

- Der Job als Sucht (Stichwort „Workaholic") dient dem Mann dazu, unbewusste Sehnsüchte zu erfüllen.

- Ähnlich wie das Auto dient der Erfolg im Job als Macht- und Potenzsymbol.

Job als Sucht – wie beginnt die Sucht und wie kommt „Mann" aus dieser Sucht auch wieder raus?

Sucht ist immer eine Sehnsucht nach etwas, das man im Leben nicht hatte. Oft geht es dabei um Anerkennung, die man als Kind (von den Eltern, vom Vater, ...) nicht so erhielt, wie man es sich erhoffte. Und dann versucht man, dies im Erwachsenenalter zu kompensieren, indem man versucht, sich diese Anerkennung beispielsweise über Leistung und Erfolg in der Arbeit zu holen. Manche kompensieren dies auch durch eine regelrechte Jagd nach Frauen („Womanizer") ...

Welche Folgen hat seine Sucht auf das Familienleben?

Nähe und Beziehungsgestaltung sind nicht mehr möglich, weil die Zeit fehlt und der Mann nicht mehr präsent ist.

Erkennt der Mann überhaupt, dass es ein Suchtverhalten bzw. eine Sucht ist? Viele Männer empfinden das viele arbeiten ja als normal.

Bei jeder Sucht ist die Krankheitseinsicht das große Problem – alle wissen es irgendwie, verdrängen es und wollen es nicht wahr haben.

Ab wann sollte die Frau dieses Verhalten ansprechen? Und wie sollte sie reagieren bzw. handeln?

Dann, wenn es für sie ein Problem ist, weil das Zusammenleben in der Familie nicht mehr zufriedenstellend funktioniert. Sprechen sie das Thema an, aber nicht, wenn der Mann gerade von einem anstrengenden Arbeitstag nach Hause kommt und müde ist. Schaffen sie einen angenehmen Rahmen, warten sie auf den richtigen Zeitpunkt. Überlegen sie sich, was sie als Frau brauchen, damit das Familienleben funktioniert und handeln sie Kompromisse aus, mit denen beide Seiten leben können: „Wenn du so viel weg bist und nichts zum Haushalt beisteuerst, was trägst Du stattdessen zum Beziehungs- und Familienleben bei?" Versuchen sie, einen Ausgleich zu schaffen, so dass die Rechnung emotional unter dem Strich passt.

Wie ist die Sexualität bei einem Workaholic?

Unterschiedlich. Manche brauchen zum Abschalten ständig Sex, andere werden durch das viele Arbeiten total antriebslos und ausgepowert und wollen nur mehr ihre Ruhe, besonders wenn sie viel mit Menschen zu tun haben.

Der Beruf ist eine Schutzwehr,
hinter welche man sich erlaubterweise
zurückziehen kann, wenn Bedenken und Sorgen
allgemeiner Art einen anfallen.

(Friedrich Nietzsche)

Kindererziehung – Männer und die (fehlende) Geduld ...

oder „Warum Kindererziehung noch immer in Mutters Hand liegt!"

Der Mann kommt nach Hause und will dann zuerst einmal seine Ruhe, bevor er sich der Familie widmet ... zumindest in vielen Familien ist das das übliche Ritual.

Zum Teil kann ich das nachvollziehen, denn der Mann ist heute noch immer eine andere Art Versorger wie die Frau. Der Mann ist in der Regel jenes Familienmitglied, das den größeren Teil des Einkommens erwirtschaftet und damit die Familie versorgt (Geld für Nahrung, Wohnung, Kleidung usw.), die Frau als Mutter ist die „nährende" Versorgerin, vom Stillen der Babies bis zu den wichtigsten Erziehungsaufgaben.

Ein kurzer Einblick in die Männerwelt, zitiert aus Men´s Health, Ausgabe 3/2010:
„Die Erziehung der Kinder ist immer noch überwiegend Frauensache. Nach einer repräsentativen Väter-Umfrage des Männer-Lifestylemagazins „Men's Health" (Ausgabe 3/2010, EVT 10.02.2010) wird der Nachwuchs in 62 Prozent der Familien in erster Linie von der Mutter versorgt.
Zwar sind bei gut einem Viertel (28 Prozent) Väter wie Mutter berufstätig und teilen sich deswegen die Kindererziehung. Aber dass der Vater sich um die Kinder kümmert, während die Partnerin arbeiten geht, ist mit 4 Prozent weiterhin die große Ausnahme. An der Forsa-Umfrage im Auftrag der DAK und exklusiv für „Men's Health" hatten sich insgesamt 501 Väter beteiligt.

36 Prozent der Väter fühlen sich manchmal mit der Aufgabe überfordert, Familie und Beruf unter einen Hut zu bringen. Die größte Veränderung empfindet die deutliche Mehrheit darin, dass man eigene Bedürfnisse zurückstellen muss, um für die Familie da zu sein (82 Prozent). Jeder zweite Vater (51 Prozent) sieht darin, dass er nicht mehr durch- oder ausschlafen kann, eine gravierende Veränderung. Am meisten vermissen die befragten Väter die Zweisamkeit mit ihrer Partnerin (50 Prozent). Rund einem Viertel fehlt die Zeit für Männerabende mit Freunden (26 Prozent) und fast ebenso viele vermissen regelmäßigen Sex mit ihrer Partnerin (25 Prozent). Aber nur vergleichsweise geringe 6 Prozent sehnen sich ihr Leben ohne Kind zurück." (Zitat Ende)

Meiner Meinung nach stecken hinter all diesen Argumenten z.B. Überforderung, Zeitmangel, mangelnde Zweisamkeit. usw., letztendlich Ängste – Ängste, es nicht zu schaffen, alles unter einen Hut zu bringen bzw. alles „richtig" zu machen: Beruf, Familie, Kindererziehung, Partnerschaft. Und oft auch die Angst, nicht als „richtiger" Mann dazustehen, wenn man sich zu sehr um Kindererziehung und Haushalt kümmert (der Softie mit der Latzhose ...).

Wichtig ist aber dennoch, dass der Mann präsent ist, wenn die geschlechtsspezifische Entwicklung der Kinder beginnt, wenn die „phalische Phase" losgeht. Dann muss der Vater ebenso wie die Mutter Regeln und Normen setzen und die Beziehung zu den Kindern aktiv(er) gestalten (z.B. Wandern, Floss bauen, Schifahren, Zelten ...). Männer können an der Herausforderung der Erziehung der Sprösslinge ja auch selbst „wachsen", beispielsweise zu lernen, mehr Nähe zuzulassen und auszuhalten.

Eine weitere Herausforderung, mit denen sich Männer hier sehr gut auseinandersetzen können, ist das Thema Emanzipation. Früher galt was der Mann sagte, jetzt „glaubt" die Frau sie kann es besser ... Klar ist, dass sich die Rollenverteilung verändert hat und noch weiter ändern wird.

Wenn sich Männer überhaupt nicht um die Erziehung des Kindes kümmern, was tun als Frau?

Ihnen in den „POPO" treten! Kinder brauchen ihren Vater zur Geschlechts- und Identitätsentwicklung. Und es gibt immer etwas, was Männer gerne tun und deshalb auch gerne gemeinsam mit den Kindern machen können – und wenn es wie sehr oft irgendeine Sport- oder Outdooraktivität ist.

Was tun, wenn sich der Mann als wirklich unfähig, aus welchem Grund auch immer, bezüglich Kindererziehung darstellt?

Das gibt es nicht! Es gibt immer etwas, was der „Mann" kann und in die Erziehung einbringen soll. Als Frau sollten sie das verstärken und fördern!

Ist es dann nicht besser, das Kind ohne Vater aufzuziehen?

Wenn sie den Mann nicht lieben oder er ihre Kinder schlecht behandelt, dann ja.

Als Abschluss möchte ich noch erwähnen, dass es auch sehr wichtig ist, den Männern auch die Erziehung der Kindern zuzutrauen. Ich weiß, als Mutter weiß man es manchmal viel besser!

Sie machen es sicher anders! Aber lassen sie los und falls sie mit dem Erziehungsstil zu „locker oder zu streng" nicht einverstanden sind, dann reden sie mit ihm darüber, natürlich nur unter vier Augen und nicht vor den Kindern. Ihr Kind liebt sie beide.

Die Arbeit wartet, während du dem Kind den Regenbogen zeigst. Aber der Regenbogen ist längst vergangen, bis du deine Arbeit beendest hast.

(Chinesische Weisheit)

Was ist eigentlich ein Macho?

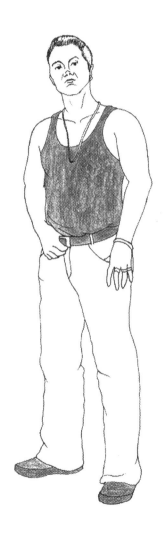

Das Wort „macho" kommt aus eigentlich aus dem Spanischen und wird für übertrieben „männliche" Männer ...

Wir bezeichnen als Machos Männer, die sich sehr stark am traditionellen Rollenbild von Mann und Frau orientieren und auch nach außen hin so geben. Und es gibt ganz typische klischeehafte Muster und Beschreibungsmöglichkeiten für solche Machos ... ein paar möchte ich nachstehend beispielhaft anführen [zum Schmunzeln])

- Machos sind Womanizer und Trophäensammler. Waren es früher bei der Jagd die Hirschgeweihe, so sind es heute Arschgeweihe ... idealerweise von einer blonden Besitzerin mit den Maßen 90-60-90.

- Machos wollen imponieren, im Mittelpunkt stehen und begehrt werden, speziell, aber nicht nur von den Weibchen ... dazu fällt mir etwas ein, das ich selbst erlebt habe: An der Bar steht ein „Macho", der unaufhaltsam mit seinem Autoschlüssel auf die Theke klopft, nur damit alle Mädels ganz sicher mitkriegen, welch' schnittiges Auto er draußen vor der Türe stehen hat ... uuhh ... wie attraktiv ...

- Weitere äußere Erkennungszeichen: weite Bundfaltenhosen, Slipper, weiße Tennissocken, viel Gold, Nackenspoiler, weißes Hemd, Lederweste, Solariumsbräune und Bodybuilderstatur ...

- Als Machos werden aber auch oft Männer bezeichnet, die egoistisch sind und nicht gleich mit jedem reden. Von Familie, Windeln wickeln und Nächte durchwandern halten sie nicht viel.

- Vor allem ist er ein Macho, wenn er sich von Frau bedienen lässt, keine Gefühle zeigen kann und glaubt, den starken Mann heraushängen lassen zu müssen, Frau abwertet, wo es nur geht, um neben anderen lässig da zu stehn – „ich hab hier die Hose an!".

- Dann gibt's noch die Sorte Machos, die von Beruf Sohn sind und vom Geld der Eltern ein „dolce vita" führen, die aber insgeheim drunter leiden, dass ihr Vater keine Zeit für sie hatte, weil ihm der berufliche Erfolg wichtiger als die Kinder waren. Für diese Art von Machos sind Geld und Status oft das einzige Trostpflaster – weil an den wichtigsten Mann der Welt (Papa) einfach nicht ranzukommen war und ist!

- Natürlich gibt's dann auch noch die minderwertige unterdrückte Sorte: vom Vater unterdrückt, geschlagen, gedemütigt, bei jeder Gelegenheit abgewertet und in Angst groß geworden. Die eigene Minderwertigkeit wird durch übertriebenes Aufplustern kompensiert und dient als eine Art Ritterrüstung.

Es wird uns heute noch ein Geschlechterrollenbild vermittelt, das klar signalisiert, dass „Mann" cool ist, wenn er Macho ist (Medien, Werbung, ...).

Und: Viele Frauen geben zu, dass sie mehr auf Männer stehen, die sie schlecht behandeln, halten Männer nicht aus, die zu weibliche Züge aufweisen, weinen und Gefühle zeigen.

Es gibt also genug Frauen, die auf solche Typen abfahren. Wurden sie gerade von solchen verlassen, sehnen sie sich nach den lieben, netten und zärtlichen Männern. Aber es sind die Machos (von der Art, nicht vom Aussehen!), zu denen sie sich hingezogen fühlen. Keine Frau will wirklich ein Weichei!

Das Glück des Mannes heißt: Ich will.
Das Glück des Weibes heißt: Er will.

(Friedrich Nietzsche)

Warum tun sich Männer so schwer, uns Frauen zu verstehen?

... oder: „Immer suche ich mir den falschen Mann!"

„Die ganze Kunst der Sprache besteht darin,
verstanden zu werden"

(Konfuzius)

Frauen und Männer haben verschiedene Sprechstile.
Worin sich Frauensprache von Männersprache unter-
scheidet, beschreibt beispielsweise Margit Hertlein in
ihrem Buch „Frauen reden anders – Selbstbewusst und
erfolgreich im Jobtalk", Rowohlt. Ihre Erkenntnis: Männer verwenden eher direkte Sprachmuster, Frauen indi-
rekte. Beispielsweise würde eine Frau sagen: „Da kommt
ein kühles Lüfterl rein bei der Tür." Der Mann würde
sagen: „Kann wer die Tür zu machen, es zieht!" Beide
wollen natürlich das gleiche. Das wirft bei mir die Frage
auf, ob uns Männer deshalb nicht richtig verstehen (können), weil wir uns in ihrer Welt nicht konkret genug aus-
drücken. Der Mann schenkt der Aussage über das kühle
Lüfterl keinerlei Bedeutung, denn er wurde ja nicht wie
wir Frauen dazu erzogen, einfühlsam nachzuforschen,
was wir den meinen könnten (Geschlechterrollenerziehung).

Ein anderer Grund dafür, dass wir uns nicht verstanden
fühlen, könnte an unseren Erwartungen an einen Mann
liegen.

Denn häufig suchen wir uns unbewusst einen Mann, von
dem wir erwarten, dass er uns hundertprozentig versteht, unsere Wünsche von unseren Augen ablesen kann

(noch besser: er kann überhaupt Gedanken lesen) und in der Lage ist, mit weiblicher Einfühlsamkeit auf uns einzugehen. Das ist in der Praxis aber nicht möglich und rasch stehen wir vor einem Beziehungsdrama, das in Frust und Enttäuschung endet.

Ein dritter Grund ist bei uns selbst zu finden, bei unserem Selbstwert als Frau.

Warum ist das so?

Enttäuscht bin ich dann, wenn ich meinen Partner nicht als eigenständige Person mit eigenen Wünschen und Bedürfnissen akzeptieren kann, wenn ein Mann für mir nur dazu dient, mein Selbstbild als Frau zu stärken und aufzuwerten.

Oft sehnen wir uns nach dem tollen Mann, der ganz für uns da ist, aber wirklich einlassen auf ihn wollen wir uns nicht. Häufig sind wir Frauen es, die kein positives weibliches Selbstbild besitzen, wir suchen uns den idealen Partner und auf diese Weise verbessern wir unseren Selbstwert – etwa den erfolgreichen tollen Mann, den wir dann verfluchen, weil er keine Zeit für uns hat.

Viele Frauen wünschen sich, dass sich der Mann ganz für sie aufgibt, damit sie sich nicht selbst für ihn aufgeben müssen. Hat er das aber getan, halten wir ihn nicht aus, ist er ein lästiger Klotz am Bein, der immer etwas von uns will.

Und schon entsteht ein Gefälle in der Beziehung. Mann und Frau begegnen sich nicht auf gleicher Ebene, immer einer hat die Oberhand. Und so sind wir schneller als wir denken von jeglichem Verständnis für einander entfernt.

So wie schon unsere Mütter uns nicht eigenständig werden ließen, drücken wir jetzt unserem Mann unsere wohl gemeinte Liebe und Unterstützung auf. „Wir meinen es ja nur gut, so wie unsere Eltern damals." Das unbewusste Ziel ist hier, den Partner nach den eigenen Vorstellungen zu formen und zu kontrollieren, wie wir ihn gerne hätten. Dahinter steckt häufig Angst, Verlustangst!

Die Frage, die wir uns daher stellen sollten, ist nicht, warum sich Männer so schwer tun, uns Frauen zu verstehen, sondern warum wir Frauen so gerne dazu neigen, uns einen Traumprinzen zu modellieren und uns dann wundern, warum der einfach nicht so tut wie wir wollen!

Was kann ich tun, dass mich mein Mann versteht:

Nachdem, was sie bisher gelesen haben, wird klar, dass ich mich zuerst einmal selbst verstehen, lieben und ernst nehmen muss, damit mich mein Mann versteht, liebt und ernst nimmt. Das ist sehr wichtig!

Es geht also darum, dass sie etwas für sich tun, dass sie nicht alle Erwartungen und Wünsche an ihren Mann stellen und davon ausgehen, dass er sie auch noch vollständig erfüllt. Ja, vielleicht auch noch wollen, dass er

Gedanken lesen kann (nur so nebenbei: auch ich glaube dass manchmal noch) und sich den ganzen Tag nur mit ihnen beschäftigt. Nein, es geht darum, dass sie selbst Verantwortung für ihre Erwartungen tragen und ihre Bedürfnisse selbst befriedigen.

Wenn sie das Gefühl haben, dass sie aus diesem Schlamassel selbst nicht heraus kommen, dann holen sie sich Hilfe von außen; am besten professionelle Hilfe, denn eine Therapie kann ihnen helfen, sich selbst zu finden und ihre Lebendigkeit und Lebensqualität und Freude deutlich zu erhöhen.

Alles was ihnen gut tut und hilft, dass sie sich besser fühlen, ist wichtig und richtig. Auf diese Weise werden sie von der „nörgelnden" Frau wieder zur interessanten, attraktiven Frau. Und siehe da, plötzlich fühlen sie sich auch von ihrem Mann verstanden.

Was aber tun, wenn das Problem nicht alleine bei uns Frauen liegt, sondern wirklich bei auch beim Mann?

Haben sie etwa einen Egomanen geheiratet, einen kleinen selbstverliebten Narzissten – dann hilft nur eins: entweder sich trennen oder ihn zur Therapie schicken, was bei narzisstisch veranlagten Männern nicht so leicht ist, da sie selbstverliebt sind und über einen verminderten Realitätssinn verfügen. Das heißt, sie selbst finden sich toll und sehen selten, dass die Beziehung in einer Krise steckt.

Vielleicht können sie ihn ja zur Paartherapie überreden, denn da liegt das Problem nicht beim Mann, sondern in der Beziehung und das kratzt nicht so am Ego des Mannes und es ist ein Beginn in die richtige Richtung.

Fördern sie ihre Qualitäten, die bisher vielleicht unentfaltet geblieben sind, stärken sie sich, rüsten sie auf, das verleiht ihnen Selbstwert.

Holen sie sich Hilfe von Außen, bei Familie und Freunden. Das gibt ihnen auch mehr innerliche Sicherheit, dann ist auch die Angst, sich zu trennen oder verlassen zu werden, nicht so groß, weil sie sich auch woanders geborgen und geliebt fühlen, als ausschließlich durch ihren Mann.

Seien sie nicht immer so kritisch und streng mit sich selbst. Tun sie sich was Gutes, erlauben sie sich Dinge, die sie sich sonst nicht gönnen oder erlauben würden, Neiden sie anderen oder ihrem Mann nichts, gönnen sie sich lieber selbst etwas.

Das Geheimnis einer glücklichen Ehe liegt in
vier Worten: „Du hast recht Liebling!"

Treue – Die unterentwickelte Sehschärfe des Mannes!

Warum fällt vielen Männern das treu sein so schwer?

Welche Frau hat sich darüber nicht schon mal einen Kopf gemacht. Sieht er schlecht, könnte es sein, dass er andere Frauen mit mir verwechselt, könnte sich die selbstbewusste Frau fragen. Andere, die bereits an sich zu zweifeln begonnen haben oder sowie verunsichert sind, könnten meinen, ihre Optik hätte nachgelassen.

Andere wieder haben sich mit dieser Tatsache bereits längst abgefunden – manche Frauen behaupten, es liegt in der Natur des Mannes, Männer sind nicht Monogam ...

Wenn wir uns die Angelegenheit näher anschauen, welche Gründe könnte es nun geben, warum Mann untreu ist?!

Die einfachste Begründung wäre hier wieder die evolutionäre, d.h. Männer sind Abenteurer, das waren sie schon zur Zeit der Jäger und Sammler.

Oder aber auch: Männer wollen Abenteurer sein und daran sind wir Frauen schuld, denn wir haben sie ja immer wieder ermutigt, auf den Kletterturm zu klettern ...

Also der Nervenkitzel macht's, denn immerhin steckt im Fremdgehen ein gewisses Risiko. Zum einen lockt der Reiz des Unbekannten, neue Frau, neues Bett oder neue Umgebung. Zum anderen erweckt es im Mann alte Pfadfindergefühle, denn er muss in geheimer Mission Strategien entwickeln, Ausreden erfinden, seine Frau austricksen (dabei kann er viele aufgestaute Aggression abbauen – so nach dem Motto: „ha, ha, bist eh nicht so schlau und gut wie du immer glaubst").

Die Frage stellt sich hier sogar, ob nicht der Nervenkitzel mehr Reiz ist als der eigentliche sexuelle Akt. Mit anderen Worten, tun sie so, als ob ihnen Sex mit anderen Frauen völlig piepegal wäre, dann kommt's erst gar nicht dazu?!

Hierzu passt auch das Argument, dass Männer immer auf der Suche sind, d.h. dass sie die Sehnsucht antreibt, nach neuen Erfahrungen, Ländern, Frauen ...

Eine andere Begründung könnte sein, dass es das Ansehen hebt, denn ein untreuer Mann weckt bei Frauen zwar Misstrauen, mehr aber noch Neugier, im Sinne von: „Was mag an dem Kerl wohl dran sein, wenn er so viele Frauen beglückt?"

Casanova schrieb: bei den ersten zehn Frauen habe er sich noch Mühe geben müssen. Von da an eilte ihm der Ruf voraus und ebnete den Weg – nicht der Ruf eines raffinierten Liebhabers, sondern einfach der Ruf eines Mannes, der Frauen verführt. Typen wie Casanova oder James Bond sind für Männer vorbildlich. Auf die Frage „Wären Sie gern ein Frauenheld?" antworteten jüngst 87% der Männer zwischen 18 und 38 mit Ja. Weitere 11% behaupteten: „Ich bin es." (vgl.: „Crazy Life Blog)

Ein anderes Motiv könnte das Streben nach Anerkennung und Bestätigung sein:

für ihre sexuelle Potenz, d.h. hier geht es wieder um den narzisstischen Teil, der nach Geltung und Grandiosität strebt. Die Männer wollen gute Liebhaber sein und fürchten, dass sie es nicht sind, deshalb brauchen sie ständig neue Zeuginnen für ihre Männlichkeit.

Es könnte aber auch das männliche Gehirn schuld sein, weil es körpereigene Drogen produziert, die eine aufputschende Wirkung haben:

Bei Männern führt die fehlende Produktion dieser körpereigenen Drogen anscheinend zu einer Art von Entzugssymptomen, d.h. Fremdgehen ist gleich dem Versuch, diesen Verliebtheitspegel wieder herzustellen, oder anders formuliert: ein Suchtverhalten. Diese entschuldigende Begründung kommt natürlich von amerikanischen Endokrinologen (siehe John Money). Wir kennen ja alle den Spruch „Schmetterlinge im Bauch". In diesem Verliebtheitsstadium werden sie ständig abgegeben. Nach einiger Zeit, d.h. nach einigen Monaten, wird das wieder weniger. Mit anderen Worten, ein Mann versucht durch Fremdgehen diesen aufregenden Zustand der Art „Verliebtheit" wieder herzustellen.

Oder wir kommen zu einem grundlegenderen Problem, nämlich, dass viele Männer Nähe fürchten, d.h. Angst vor Abhängigkeit und Verletzbarkeit und Kontrolle haben.

Vorgeschoben wird hier meistens der große Freiheits-drang: ich brauche Zeit für mich und meine Hobbys. D.h. eine psychologische Begründung könnte sein, dass sich Männer immer wieder einmal ihrer Unabhängigkeit versichern müssen, und das geht am leichtesten, indem sie sich durch andere Frauen Alternativen schaffen. Jetzt könnte man sagen: Umso größer die Abhängigkeit des Mannes von einer Frau, umso größer könnte auch der Drang werden, Distanz zu schaffen, denn Mann muss sich beweisen, dass er Frau eh nicht braucht. Und da wären wir wieder bei dem Punkt, wer eigentlich die Hose an hat in der Beziehung. Wie oft beobachten wir unseren Mann, wenn er sich nach außen, bei Familien oder Freunden, ein bisserl aufpudelt und wichtig macht, und wir lassen ihn still lächelnd, weil wir insgeheim wissen: „Ohne uns hätte er nicht einmal eine Unterhose anzuziehen."

Mit anderen Worten, geben sie ihrem Mann regelmäßig das Gefühl, dass sie ohne ihn nicht sein könnten. Männer lieben hilflose und naive Frauen, denen sie mit Rat und Tat zur Seite stehen können.

Oder aber:
Gerade, wenn die Beziehung intakt ist, gehen Männer auf die Pirsch, denn dann sind sie besonders mutig, weil sie sich auf der Basis einer gut funktionierenden Beziehung besonders begehrenswert und stark fühlen. Bei Frauen ist es umgekehrt. Sie scheren aus, wenn die Beziehung schlecht ist, denn sie suchen Trost, Nähe und Verständ-

nis – genau das, was sie in der Beziehung häufig vermissen, gerade wenn der Mann beruflich viel unterwegs ist. Männer können sich diesen Anteil nicht eingestehen, denn sich trösten lassen ist gleichbedeutend mit Schwäche zeigen, und Mann darf nicht schwach sein.

Dann gebe es noch die altbekannte Begründung, dass die Gene schuld sind, und die sind viel stärker als der freie Wille.

Ammenmärchen oder Wahrheit – wir werden es nie wirklich herausfinden. Könnte es wirklich an diesem archaischen Drang nach Reproduktion oder Arterhaltung liegen, dass Männlein anstrebt, möglichst viele Frauen zu befruchten und Weiblein anstrebt, ein möglichst potentes Kerlchen zu erhaschen, zumindest behaupten das Verhaltensbiologen. Es gibt da auch Studien, dass die Pille angeblich in uns Frauen diesen instinktiven Trieb verfälscht, d.h. dass wir durch die Einnahme dieser künstlichen Hormone aus dem Gleichgewicht geraten und fruchtbares von unfruchtbarem Männchen nicht mehr auseinanderhalten können. Auf jedem Fall wäre das auch eine tröstliche Erklärung dafür, warum Mann uns gegen eine jüngere Frau austauscht – denn er kann halt nicht anders. Diese armen Männer ...

Ein primitiveres Motiv wäre der Macht und Geltungsdrang:

Männer wollen einfach Macht demonstrieren, und Fremdgehen ist eine Variante davon. Geschichtlich gesehen war es jedenfalls immer so, denn je höher der Status eines Mannes war, desto mehr Geliebte oder Mätressen ... hatte er. Jeder Mann will beherrschen und mächtig sein. Sogar Statistiken zeigen, dass erfolgreiche Männer eher fremdgehen, weil sie einerseits mehr Gelegenheiten haben und andererseits Erfolg auf Frauen anziehend wirkt (insbesondere, wenn sie beruflich bedingt viel außerhalb nächtigen – der berühmte Schmetterling der von der einen Blume zur anderen fliegt, in jedem Bundesland eine andere Geliebte hat).

Eine letzte und noch unbefriedigendere Begründung wäre, dass sich hinter männlicher Untreue ihr noch primitiverer Spieltrieb verbirgt.

Männer probieren herum, ohne viel über die Konsequenzen nachzudenken. So spielen sie auch mit anderen Frauen, die Neugier treibt sie an, sie wollen ja nur kosten. Männliches Fremdgehen ist also wie Gokartfahren, Fußballspielen, Pokern, und so weiter und so fort.

Erste Hilfe Koffer – oder was können wir tun, dass Mann nicht aus dem Nesterl fliegt:

• Viel Lob, Anerkennung, Wertschätzung ...

• Naiv, hilflos, anlehnungsbedürftig sein.

- Fitnessstudio, Kosmetik, Liften, Lippen aufspritzen, Busen erneuern ...

- Spielen sie viel mit ihrem Mann – insbesondere „Katz und Maus" - das lieben sie.

- Himmeln sie ihren Mann an, wie toll und erfolgreich er nicht ist.

- Erzählen sie ihm regelmäßig, wie attraktiv er nicht auf ihre Freundinnen wirkt, was für ein toller Hengst er nicht ist.

- Wechseln sie regelmäßig ihr Outfit und ihre Haarfarbe ...

So, jetzt muss ich mich übergeben ... Aber leider Gottes kommt das bei einigen Männern sicher gut an!

Exkurs oder wenden wir uns jetzt nach ein bisschen Frustabbau ernsthaft dem Thema Untreue zu:

Was hat es mit dem Lügen und Fremdgehen in einer Beziehung auf sich?

Wichtig ist, dass wir uns klarmachen, dass nicht jeder alles über uns wissen muss, dass wir nicht jedem die Wahrheit sagen müssen, der uns fragt. Jeder Mensch hat das Recht auf Privatsphäre, einem Bereich, der ganz intim und persönlich ist und nur zu uns selbst gehört; auch in einer innigen Beziehung ist das notwendig, damit sie gut funktionieren kann. Mit der vollen Wahrheit kann es auch sein, dass ich meinen Partner unnötig verletze, nur damit ich mich vielleicht besser fühle, wie etwa nach einer Beichte.

Aber was passiert, wenn ich einen Menschen belüge, der mir sehr nahe ist – d.h. meinen Intimpartner: Jede Lüge schafft sofort Distanz zwischen Sender und Empfänger.

Eine häufige Aussage von Männern, die fremdgegangen sind, ist: „Ich wollte dich nicht verletzen!" Meistens ist gerade diese Aussage eine pure Projektion der eigenen Angst, verletzt, getäuscht, betrogen oder verlassen zu werden.

Eine dritte Person mit im Spiel treibt immer einen Keil in eine Beziehung, schafft Distanz, weil die eigentlichen Probleme nicht mehr in der Beziehung ausgetragen, sondern häufig mit dem neuen Partner diskutiert werden. Auf diese Weise hat die betrogene Frau keine Chance, etwas zu verändern, denn sie lebt in einer Scheinwelt und ist höchst wahrscheinlich auch sehr unglücklich.

Mit anderen Worten ist für eine Beziehung die Wahrheit die Luft die sie zum Atmen und zum Leben braucht. Nur durch offene verständnisvoll geführte Gespräche kann man in einer Beziehung die „gemeinsame „Wahrheit" finden, und nur auf diese Weise kann eine Beziehung dauerhaft und innig bleiben.

Fußball, Schirennen und Formel 1

Es ist Sonntagnachmittag, in unserer Siedlung ist es Muxmäuschenstill ...

... auf einmal Männergeschrei aus allen Fenster und Türen ...

TOOOOR, TOOOR, TOOOORRR!!!! I werd naaaarisch!!!!!

oder:

Das Autorennen beginnt in wenigen Minuten, vorher wird noch die Fahne von Ferrari aus dem Balkon gehängt und dann herrscht volle Konzentration auf den Start!

Kommt ihnen das bekannt vor?

Warum üben diese Sportarten eine solche Faszination auf Männer aus?

Also, das hat sicher mehrere Gründe ... zum einen geht es beim Sport um KAMPF, wie ja auch schon das Wort WettKAMPF sagt. Es geht ums gewinnen und andere besiegen. Dabei können Männer den Krieger ausleben. Wenn sie nicht selbst am Wettkampf teilnehmen, dann tun sie das zumindest im Kopf. Und das lenkt unsere Männer auch vom Alltag ab.

Dann kann man diese Sportarten noch – grob – in Mannschaftssport und Einzelkämpfertum unterscheiden. Beim Fußball geht es darum, dass eine ganze Mannschaft so gut zusammenspielt, dass sie eine andere besiegt. So wie damals, als eine Gruppe Jäger durch ihr „Zusammenspiel" ein Mammut erlegt hat. In der Formel 1 und im Skisport sind es die Einzelkämpfer, die bewundert werden. Sie sind Helden ... und Helden besiegen die Bösen und retten alle anderen, so wie John Wayne als Held und Anführer in meiner Kindheit.

Wenn unsere Männer sich solche Spot-Wettkämpfe anschauen, dann leben sie mit, sie identifizieren sich mit den/dem Athleten oder dem Team oder einem Land.

Die Formel 1 hat dann noch einen Aspekt: Es geht um den Kick, den Geschwindigkeitsrausch, Abenteuer ... und da sich dieser Kick heute oft nicht mehr ausleben lässt, bietet das Autorennen einen brauchbaren Ersatz.

Sport stärkt Arme, Rumpf und Beine,
kürzt die öde Zeit und er schützt uns durch
Vereine vor der Einsamkeit.

(Joachim Ringelnatz)

Der Mann als Platzhirsch

Der aktuelle Frauenanteil unter den 183 Nationalratsabgeordneten in Österreich liegt bei 27,9 Prozent. Im Vergleich aller EU-Staaten liegt Österreich damit an neunter Stelle und somit im ersten Drittel unter den EU-Staaten (laut Presseartikel 09).

Einige Forscher behaupteten, Männer und männliche Affen haben genetisch mehr gemein als Männer und Frauen. Wir unterscheiden uns anatomisch, unsere Gehirne arbeiten anders. Dadurch, dass Frauen gebären, sind unsere Rollen von Urzeiten geprägt.

Männliches Platzhirsch-Verhalten, woher kommt das?

Männer haben ein sehr ausgeprägtes Hierarchie-Verständnis. Urzeitlich betrachtet ist das durchaus sinnvoll. Wenn Männergruppen auf der Jagd oder im Krieg waren, mussten sie blitzschnell funktionieren. Jeder musste wissen, wo sein Platz ist und wer wem was zu sagen hat, damit sie im Ernstfall richtig reagieren. Da ist einfach nicht die Zeit für lange Diskussionen oder Meinungsaustausch. Es geht um Leben und Tod. Möglicherweise ist das ein Grund, warum Männer das bei jeder sich bietenden Gelegenheit ausleben müssen.

Beruflich gesehen geht es im männlichen Hackordnungsgerangel meist nicht darum, konstruktive Vorschläge zu bringen, sondern zu rivalisieren: Wer ist der bessere, stärkere, mächtigere? Wer hat die Hose an? Da sollte man sich als Frau nicht einmischen, denn es hat gar keinen Sinn, sich konstruktiv einbringen zu wollen bei einer Sache, bei der es um ganz was anderes geht.

Oft habe ich den Eindruck, die klassische Art der männlichen Konfliktlösung ist das „Zusammenraufen" - im wahrsten Sinne des Wortes.

Wir Frauen mit unserem Harmoniebedürfnis wollen alles friedlich lösen. Männer sind schon im Kindesalter mehr die Motoriker, bei uns Frauen ist schon im Wickelalter die Sprache wesentlich ausgeprägter. Männern reicht es oft nicht, Konflikte verbal zu lösen, sie müssen mit allen Sinnen erfahren wer die Hose an hat!

Von mehreren möglichen Auslegungen
einer Nachricht ist die unbequemste
die einzig Richtige.

(Projektmanagement Weisheit)

Wann ist ein Mann ein Mann?

Das ist eine gute Frage. Sogar Herbert Grönemeyer weiß dazu ein Lied zu singen ...

Jeder trägt männliche und weibliche Anteile (Anima und Animus) in sich. Diese sollten je nach Lebenssituation gut ausgewogen sein. Man muss beispielsweise in einer wichtigen Situation rasch Entscheidungen treffen können (Animus: Schwert ziehen, wenn es angesagt ist, oder mit den Konsequenzen leben).

Nachstehend ein Versuch, einige typische Merkmale aufzulisten, mit denen sich „Mann" von Frau abgrenzen und definieren lässt. Natürlich sind diese Merkmale ganz stark geprägt von unserer „westlichen" Geschlechterrollenerziehung, von Medien, Politik und Religion:

- Zeugungsfähigkeit – ist gleich männliche Stärke – männlich erotische Ausstrahlung.

- Physische Körperkraft: markant, eckig – gegenüber weiblich rund.

- Rohe Sinnlichkeit, kräftige Oberarme, Waschbrettbauch, tätowiert ... gegenüber weiblicher zarter Schönheit.

- Mut, Abenteuerlust („raus in die Welt"), Risikobereitschaft und Aggression, entweder in Form von aktivem Zupacken oder in Form von Angriffslust, während Frau den Mittelpunkt der Familie darstellt, zu Hause auf Kinder schaut, kocht, putzt ... – Männlein für seine Taten loben, wenn er zurückkommt.

- Dominanz, Macht und Führungsanspruch.

- Besonnenheit, Selbstbeherrschung, auch Gefühlskälte, Coolness (dem gegenüber ‚weiblich': Impulsivität, Warmherzigkeit).

- Technische und organisatorische Fähigkeiten (dem gegenüber ‚weiblich': soziale Kompetenzen).

- Rationalität – oft sehr sachlich und kopfgesteuert. Das bringt Frau auf die Palme und verhindert Nähe. Männer sagen nicht, wie sie sich fühlen und gehen sofort auf eine Metaebene und erklären Frau, warum sie sich so fühlt, dass es so ist wie es ist ...

Er: „Schatz, ich mache Dich zur glücklichsten Frau der Welt!" – Sie: „Ich werde Dich vermissen."

Schnupfen ist gleich Lungenentzündung!

Meine Freundin erzählte mir einmal:

Meine kleine Tochter und mein Mann sind beide krank. Die Kleine ist ein Kämpfer, ist trotz Erkältung froh und spielt. Mein Mann dagegen jammert, liegt den ganzen Tag im Bett, lässt sich bedienen und will verhätschelt und getätschelt werden. Da frag ich mich schon, wer hier das Kind ist.

Antwort eines Mannes, der anonym bleiben möchte: „Männer sind nicht „wehleidig" – sind eher durchtrieben und lassen sich gerne mal „bemuttern", wenn die Gelegenheit da ist ... grins ... ich kenne mich da aus!"

Es wird ja nicht umsonst gesagt, dass die Menschheit aussterben würde, wenn der Mann die Kinder bekäme. Frauen sind stärker und können mehr Schmerz aushalten und ertragen, weil sie es müssen – jede Frau die ein Kind geboren hat, weiß wovon ich da spreche!

Ein paar mögliche Gründe dafür ...

Männer bzw. Jungs wurden von Mutter immer getröstet, wenn sie sich verletzt oder weh getan haben oder krank waren (Schnupfen, Fieber, ...). Männer haben ja meistens eine besondere Verbindung zu Müttern und können sich bei der Mama mehr erlauben. Mütter sind die erste große Liebe des Mannes. Und außerdem, der gleichgeschlechtliche Elternteil ist oft auch strenger.

Wenn der Mann wirklich schlimmen Schmerz empfindet, etwa eine Kugel im Bein hat, ist er zäh und beisst durch. Ein Kampf auf dem Kriegsfeld, eine Verwundung: Schmerz wird für eine höhere Sache ertragen (die Familie vor dem Feind schützen).

Oft hilft es auch, sich den Verursacher des Schmerzes anzuschauen, um Männer und ihr Verhältnis dazu zu verstehen. Ein Virus erzeugt Fieber, der Feind ist nicht klar vor Augen, die Krankheit passiert dem Mann und er ist hilflos. Da braucht er Mamis Rockzipfel ... Die Verwundung im Krieg wurde durch einen klaren Gegner verursacht und löst Aggression aus, die ihm helfen, den Schmerz auszuhalten.

Oberst von Bayerle wird im Offizierskasino gefragt: „Gestatten Herr Oberst eine Scherzfrage?" Er antwortet etwas mürrisch: „Von mir aus, aber nichts Unanständiges, wenn ich bitten darf!" – „Selbstverständlich nicht, Herr Oberst. Die Frage lautet: Wo sind die Eier am wärmsten?" – „Und wo?" – „Die Antwort lautet: in der Bratpfanne." Da lacht der Oberst: „Sagen Sie, welcher Idiot setzt denn den Arsch in die Pfanne?"

Was tun, wenn aus einem wilden Hengst ein träger und sturer Esel wird?

Tipp von einer Freundin:

Nehmen sie sich einen Liebhaber – nicht nur um dem eigenen öden Alltag zu entkommen ... das könnte nämlich auch männlichen Kampfgeist und Besitzanspruch wecken (wenn nicht schon Hopfen und Malz verloren ist) ...

Die 3 möglichen Ursachen für einen sturen Esel sind die Themen Angst, Werte und Freiheit.

• Verlassens- und Existenzängste zu schüren, ist eine weitere Möglichkeit, um aus dem Esel wieder ein Rennpferd zu machen. Was, wenn mir keiner mehr mein Bettchen macht, mein Tellerchen füllt, mein Wäsche wäscht ... wenn mich Frau verlässt, bin ich verloren, wird es ungemütlich ... daher muss ich mich aus meiner Komfortzone herausbewegen, damit sie mir nicht davon läuft. Leider sind es aber oft nur Pseudo-handlungen, bald schleifen sich wieder alte Muster ein.

• Männer haben „nie Angst" sagen sie. In Wahrheit haben sie Angst davor, zugeben zu müssen, das sie auch Ängste haben und auch davor, Emotionen auszudrücken. Der Hengst wird zum sturen Esel, weil er seine Gefühle nicht artikulieren kann. Angst kann aber auch als Motivator dienen. Ein gutes Beispiel ist der Berg-steiger Reinhold Messner, der seine Höhenangst mit der Bergsteigerer bezwungen hat. Es gibt also meh-rere Arten, um mit Angst umzugehen: die Vermeidung

(Rückzug ins sichere Gehege) und sich der Angst stellen.

- Alte Werte spielen ebenfalls eine Rolle: „Indianer kennen keinen Schmerz, ...!" Viele starre Wertesysteme über viele Jahre führen zu Rückzug und Sturheit, da Mann auch Angst davor hat, eventuell draufzukommen, dass sein Wertesystem überholungsbedürftig ist. In so einem Fall gibt es fast immer eine Vorgeschichte in der Ursprungsfamilie, bei der Mann viel Unbeweglichkeit und Starre erlebt hat (quasi einen sehr engen Zaun gesteckt bekommen hat).

Frau kann liebevoll beginnen, den Zaun zu erweitern, durch Liebe und Beziehung. Oder ich führe ihn sanft in ein anderes Wertesystem ein. Der Mann muss es erleben und über seine Sinne erfahren – reden hilft nichts! Er versteht es zwar rationell, es hat aber keine Wirkung.

- Es geht auch um Freiheit – wenn Mann sich einschränken lässt oder eingeschränkt wird, und wenn er das lange genug betreibt, wird er zum sturen Esel.

- Männer, die sich angepasst haben, beginnen zu nörgeln, beispielsweise weil Frau nicht ordentlich abgestaubt hat, der Schweinsbraten nicht genug gesalzen ist, usw. Die dominante Frau formte also den Mann, wie sie in möchte, und wenn er dann brav folgt, mutiert er zum sturen Esel – zeigt seine Aggression in Form von Nörgeln.

Benimmt sich wie damals in der Steinzeit,
liebt aber die Annehmlichkeiten
des 21. Jahrhunderts

Es muss nicht immer eine prähistorische Stirn oder extreme Körperbehaarung sein, die auf dominant steinzeitliches Erbgut im Körper ihres Liebsten hinweisen. Oft liegen die steinzeitlichen Verhaltensmuster schön versteckt unter einem adrett gestutzten Bart und schicken Klamotten.

Wenn ich manche Männer beobachte, empfinde ich deren Verhalten, als ob sie noch in der Steinzeit leben würden.

Frauen, Jagd, Essen – mehr braucht der Steinzeit-Fuzzi nicht. Manche Exemplare leben jedoch ganz normal und unauffällig unter uns und lassen erst daheim den Säbelzahntiger von der Leine ... Jabadabaduuuuu!

Kommentar von einem Mann:

Zuerst müssen wir zwischen Jäger und Sammler und Bodenbesteller unterscheiden. Als die Gesellschaft sesshaft geworden ist, hat Mann viele seiner archaischmännlichen Eigenschaften verloren, denn die Macht hatte immer mehr die Frau übernommen. Sie bestellte den Boden, nährte, sorgte für ein gemütliches Heim und vieles mehr ... Er war als Patriarch nur mehr dazu da, herum zu kommandieren, Eier zu kratzen, und wenn er wirklich in sich gehen wollte – eben Nasenbohren.

Es haben sich eben Männer-Rituale entwickelt, die sich in unserer Gesellschaft etabliert haben. Leider können Männer nicht mehr wie Nomaden leben und Landschaften

erobern, Familien schützen und himmlische Aufgaben erfüllen, sondern müssen durch „kratzen" schauen, ob sie
eh noch spürbar sind und „Mann" sind.

Ich persönlich empfinde, dass Männer (aber auch manche Frauen) nach Jahren dazu tendieren, sich gehen zu
lassen und sich nicht mehr so aktiv um die Beziehung
kümmern. Ein Grund wird sein, dass das, was erobert ist,
nicht mehr so im Blickpunkt ist, weil eh alles erledigt und
selbstverständlich ist. Das heißt, das anfängliche Bemühen lässt nach.

Aber nun zurück zu den Männern:

Liebe Männer, wenn ihr schon steinzeitliche Methoden
anwendet oder auch noch lebt, wieso lebt ihr dann nicht
in einer Höhle, macht ein Lagerfeuer und fängt euer Essen selbst? Wenn schon, denn schon).

Ach ja, die Steinzeit ist schon vorüber ...?

Mehr zu diesem Thema bzw. der Evolution der Menschheit gibt es in den Büchern „Der dritte Schimpanse" Und
Warum macht Sex Spaß?" von Jared Diamond nachzu-
lesen.

Diese Bücher kann ich nur wärmstens empfehlen.

Centaurus Buchtipp

Birgit Kogler

Family light 2
...und das Leben wird noch etwas härter !

2. überarb. Aufl., 2009,
175 S., 16 Abb., br., ISBN 978-3-8255-0723-7
€ 14,00

In diesem Buch möchte die Autorin Ihnen für die Erziehung Ihrer Kinder Tipps und Beispiele mitgeben, ohne mit erhobenem Zeigefinger zu winken. Sie möchte für Sie wie eine verständnisvolle „Freundin" sein, die Ihnen mit fundiertem Fachwissen weiterhilft. Natürlich kommt der Humor plus Lesevergnügen in diesem Buch nicht zu kurz. In diesem Sinne: Family Light!:

Ein Ratgeber für die Erziehung von Jugendlichen in der Pubertät.

Pressestimmen

"Kompetent und locker gibt dieser Band Tipps zum Umgang mit Teenangern, ergänzt durch unterhaltsame Episoden aus dem alltäglichen Familienleben zwischen Chaos und Kreativität."
Wochenanzeiger / Nürnberg vom 12.02.2010

„Einfühlsam werden Themen wie die erste Liebe, die peinlichen Eltern, Freunde oder Drogen behandelt. Natürlich kommt der Humor plus Lesevergnügen nicht zu kurz."
Gaggenauer Woche 29/2009

Birgit Kogler

Family light 1
...das Leben ist hart genug!

2. Aufl., 2009,
216 S., 35 Abb., br., ISBN 978-3-8255-0690-2
€ 14,00

Family light ... das Leben ist hart genug! Warum? „Light" oder „leicht" ist das Zauberwort unserer Zeit. Wir alle wollen ein leichtes, glückliches Leben. Viele Dinge sollte man auch leichter nehmen. Oft machen wir uns unnötige Sorgen oder uns selbst das Leben schwer. Weil ich weiß, dass das Leben mit Kindern oft nicht einfach erscheint, setze ich mit „Family light" ein Zeichen und will Familien unterstützen, sich den Alltag zu erleichtern.

Der Ratgeber bietet praktische Tipps und Richtlinien für die Erziehung von Kindern in der Altergruppe 0 bis 6 Jahren. Ein Buch, das wertvolle Tipps plus Lesevergnügen mit Humor garantiert.

Pressestimmen

„Übrigens habe ich ihre Bücher "Family light....." vielfach weiterempfohlen, ich finde sie ausgesprochen gut und kann sie nur wärmstens empfehlen."
Julia Onken, Frauenseminar Bodensee

"In diesem Familienratgeber gibt Birgit Kogler wertvolle Tipps für Familien mit kleinen Kindern im Alter bis zu sechs Jahren plus Lesevergnügen mit Humor."
Bayerische Rundschau vom 16.01.2010

„Mit einer großen Portion Humor und Liebe beschreibt sie darin den alltäglichen „Wahnsinn" im familiären Zusammenleben."
Wochenanzeiger/Nürnberg vom 06.02.2010

Printed in the United States
By Bookmasters